你的孩子

NI DE HAI ZI FU YOU MA

FUMU SHI HAIZI ZUIHAO DE CAISHANG JIAOLIAN

富有吗

父母是孩子最好的财商教练

晏菁 著

作家出版社

Contents 目录

序言
掌握金钱，掌握幸福感

世界在变化。之前，中国人在追逐财富，家长们也许都怀着一种希望，希望自己的孩子成名成家，或者拥有让人羡慕的家产。对我而言，我对两个孩子的期望很简单——我希望她们成为任何环境下都会幸福的孩子。

幸福，听起来是一个抽象的词语，它和财富、名誉、自我的追求相关，但它更多的，是内心的一种感受。每一个人都有自己所追求的，内心的幸福感。

在这个过程中，财商教育是有必要的，因为它是幸福的基石。但，最终的目标，是通过对于财富的管理和运用，去抵达幸福港湾。

财商教育并不是一个新鲜的概念。父母们知道财商的重要性，凭借这种能力，他们可以在任何环境下都努力生活下去，依靠自己的双手，获得自己想要的自由。

自由，其实就是一种选择的权利。我喜欢看《海鸥乔纳森》这本书，里面讲到，当别的海鸥都在计较于自己所获得食物多少的时候，海鸥乔纳森一心想着飞往更高更远的地方，去寻找真正的自由。

我理解的创意财商教育，是一种对待金钱的态度，是把金钱作为一种工具，让我们更好地理解孩子，与他们沟通更适合他们的金钱管理方法，更好地表达爱，理解亲子关系中的实质构成，进而实现我们心灵的平衡，实现个体的幸福感。

金钱只是一个工具，折射出我们和世界沟通的方式，而我们要引导孩子，好好地使用这个工具，因为这是在未来会伴随他们一生的工具。

怀着初心——让自己的两个女儿，掌握我认为最重要的生存技能，我开始了这项长期的研究与关注。在点滴成长中，我观察着她们在财商和思维方面的成长，也同时思考着，有没有什么是我可以为她们做的。

孩子是不同的，每个孩子都有适合自己的生存之道，而我在这个过程中，也在探索适合孩子不同个性特质的财商培养之路。没有一条道路适合所有的孩子，最了解孩子的应该是父母。我希望自己的一点点研究和思考，能够为我们的父母提供有效的参考，让我们的孩子，得到真正享用不尽的一生财富——真正智慧地运用金钱，实现人生的自由与幸福。

当我提出"创意财商"这个概念的时候，我看到了乔纳森，它骄傲地扬着头，向着远空高飞，那天空很蓝并且辽阔，那是我们每个人都向往的幸福之路。

晏菁

2014—2021

创意财商，让孩子创造幸福

　　那是在乡村，这家的男主人担任了乡长，他的职务在那个时代带给了家庭很多的荣耀，出入都有小车接送。但是，很短的时间内，由于受到同事的排挤，他从乡长的领导职位上下来了，调到了一个偏远的地方工作。

　　他表现得很乐观，但其实骨子里他是一个自尊心很强的人。在从前的工作中，他几乎将所有的时间都投入到事业中，为了工作，他曾经有一个多月没有回家，儿子完全是妻子照料。

　　被迫离开领导岗位，他有很大的挫败感，曾经有一次喝酒喝到人事不省。

　　后来，儿子长大了，这个孩子，背负着家庭产生的极大落差而长大：一方面是父亲得到过又失去的社会地位；另一方面是父亲总是缺位，但是自己又渴望得到他的认同——男人的责任在于向外界打拼。

　　孩子至今都记得自己在童年时候的一件事。那时候，他把好几年的压岁钱都存在一起，大概有好几百块钱，在那个时代，这是一笔不小的数目。家里遇到了麻烦急需要用钱，父母和他沟通了情况，他同意将自己的压岁钱交出来补贴家用。他亲手打碎了那个存钱罐，把钱交到父母手中。

　　如今，儿子努力工作，积极存钱，但他很少能够感觉到工作的快乐。因为在他很小的时候，他的爸爸就没有向他展示过工作的快乐。他把工资都用于家庭，但却很少想自己真正需要什么。

他认为只要努力，自己就能够得到来自父亲的关注与认同；也许他是为了得到来自社会的认同，为了改变当年曾经带给自己失落感的家庭处境。

儿子最终成为了父亲，成为父亲是他与自己和解的最好机会：幸福的真谛不在于外界的评价和标准，而在于生活中的点点滴滴。

我们从小到大的消费观念，还有我们对于工作、生活、家庭的态度，往往受到我们童年环境的影响。你也许见过身边有的人收入不菲，却无法真正地善待自己；有的老人，他们省吃俭用，尽可能多地储蓄，愿意把钱都花在亲戚朋友身上，但却舍不得多买一斤猪肉自己吃；有的人，频繁创业，每次都在即将成功的时候折腾光资金，一直等待机会却始终陷于债务之中；还有的人，他们可能会是最容易买单的剁手族，甚至还会有人愿意为了一个手机，而四处举债。

另外，我们也会看到有的人总是轻轻松松处理与金钱的关系，看似随意的决策，总是为自己带来丰厚的回报，金钱与他们之间总有着良好的互动。他们也懂得使用金钱，不仅用金钱提高了生活质量，还回馈社会，让自己身边的人也能生活得更好。

我们每一天都在和金钱打交道，我们使用金钱，分配金钱，同时，也分配着自己的精力。金钱折射着我们与生命中各要素的关系。社会在快速发展，我们，还有我们的孩子，都需要了解如何与金钱共处，如何和它成为朋友。

这就是孩子和我们都需要学习创意财商这一课程的原因。创意财商，其实就是指一个人通过最基础的管理金钱、运用金钱、驾驭金钱的能力，来实现自己人生中幸福最大化的能力。

创意财商，让我们追问两个问题：我们为什么要有钱？我们如何通过驾驭金钱提高人生的幸福感？

金钱是孩子的仆人而非主人

　　孩子很小的时候，我每次上班都要很早起床。洲洲起来之后，发现我要走，总是会大哭。我也为这个问题很苦恼。但我不想说："看妈妈上班多辛苦，你要体谅妈妈。"因为是我选择了工作，我也喜欢自己的工作。

　　航航约五岁、洲洲约三岁时，我带孩子们一起去了西西弗书店，我喜欢看孩子们认真挑选书的样子。我数给了航航三十块钱，让她给自己和洲洲选书。

　　我清楚地告诉了她："选书，属于教育方面的开销，这部分妈妈可以为你们付钱。贴贴画、小玩具，这些属于生活的附加品，你们就要自己付钱了！"

　　航航接受了我的这个想法。选来选去，她一直犹豫不决，我告诉她说，买东西就是选择，一定要选择最适合自己的那个——价钱允许，同时也是自己最喜欢的。

航航选了书，排着队付钱，洲洲也排着队，把小小的手举得高高的，递向了售货员姐姐。一路上，她们都很高兴，都叫着："终于买到了公主的贴纸书了！"

我们假期也会在商业区闲逛：花店里的花很香，面包店里的面包很好闻，给孩子们一人买了一个面包，她们排队付钱非常开心。

我问她们："今天开心吗？"

"开心！"

"为什么开心？"

"因为妈妈给我们买了书，陪我们，还给我们买了吃的……"

想想看，孩子们是多么容易满足。

我乘机说："所以爸爸妈妈很喜欢工作，因为这样我们可以获得酬劳，可以选择自己喜欢的方式生活。那你们同意妈妈上班吗？"洲洲迟疑着，终于点了点头。

创意财商培养的目标是让孩子寻找到适合他们的与金钱共处的方式，使其能够实现最大的幸福感。

过去，理财教育的目标常常包括如下：

1. 学会管理自己的财务，学会使用金钱，如储蓄；

2. 学会自我管理财富，并且实现财务健康；

3. 理财常识的补足。

创意财商教育，除了这些以外，更加重要的是：一方面鼓励孩子们去寻找真正让自己感受到充实的事；另一方面，要把一个个和金钱、幸福相关的理念，通过共同的经历和体验，一个个地根植进孩子们的心中。

其实，获得幸福不需要挣到最多的钱，而应学会使用金钱，创造财富，找到让心灵快乐的方法。家长要让孩子们懂得关于金钱的秘密，驾驭金钱，让它们为自己带来幸福的体验。

有一则关于马云的专访，他告诉外国记者，其实在成为中国首富之后，他感觉到并不快乐，因为很多人都是因为钱围着他转。我相信这是马云的肺腑之言，获得金钱，是我们生活的一个部分，但它不是决定幸福感的因素，最重要的是——我们要寻找到让生活充盈的目标，能够让自己全身心投入去完成的事；同时，我们也需要了解如何使用金钱，来让我们的心灵得到满足。

创意财商是一种人生的智慧，包含了对分享、付出、关爱自我的综合理解。要让孩子拥有创意财商，首先孩子们需要在人生中寻找到自己喜欢、擅长的事。如果足够幸运的话，他们能够靠做这些事来养活自己。

然后，孩子们可以学会和家人分享财富，同时也不失自己的界限。而这点尤具挑战。我们看到有不少的孩子长大后过得很富裕，但却不愿意和家人分享。

四岁多时，航航答应要给爸爸一笔零花钱。后来，她数了半天，数了一块五毛给爸爸。

我说："我也要。"

于是她也数了一块五毛给我。

航航的钱来自她的储钱罐，里面有很多硬币，都是她卖旧物得到的或者是家人给的零钞。航航一点儿都不吝啬地和大家分享了。

然后，她又给了外婆五块五毛，给了外公一块五毛。

那时，大家收到第一笔来自航航的零花钱都非常高兴。我希望孩子会挣钱，但更加重要的是分享。

创意财商的最高目标，并不是累积财富，而是通过金钱这一工具，得到人生中的最大快乐与满足。从中学会分享，学会创造快乐，学会用金钱让自己和家人过上幸福满足的生活。

金钱的运用，其实是一个人对自己能量的分配，其中既有对自我需求的体察，也包含了对自己所珍视家人的关注。

当我们更多地关注到这种资源的分配，我们就会实现生命中的平衡，不再把金钱当作不断累积最终获得安全感的堡垒，而是可以和世界交互流动的资源。

当然，要获得幸福感，也需要有技巧地将金钱用于自身。

对自己的投资，意味着要好好抓住学习的机会，也意味着持续的成长，人所拥有的最大财富，恰恰是自身所形成的价值。

在我看来，评价创意财商人格的维度有三个：第一，通过社会创造性活动获得金钱的能力；第二，通过平衡家庭中的需求，来有效地使用金钱创造幸福的能力；第三，努力创造，带给环境更多积极改变的能力。

通过这三个维度，我们可以来分析周围的很多人。有的人疲于奔命，被压力所驱使，他努力获取金钱，也为家庭创造了好的环境，但是他本人的幸福感不高；有的人不管收入如何，总是将家中的生活打理得井井有条，并且总是很开心快乐；有的人创造了事业中的很大成绩，在家庭中也巧妙地实现着平衡，从而获得了较高的幸福体验……

第二节
▶ # 我们为什么要有钱?

有一位朋友,她在毕业的时候,选择了和贫穷但真爱的男友结婚。她在坐月子时,坐在四处漏雨的小屋中,抱着她的孩子,她作出一个决策——创业,让孩子过上更好的生活。

刚开始,她可以说是白手起家,但是凭着自己的智慧还有勤劳,她总是能够度过一次又一次的考验。

每次加班应酬到很晚,回到家中,只要看到孩子熟睡的侧脸,她就会觉得自己充满了勇气。她当然知道这样会很辛苦,但是她内心有个更坚定的决心——要改变孩子的生活。

让家人过上更好的生活,成为她奋斗的动力。

这位朋友现在已经拥有上百名员工,是一家企业的老总,让家人生活得更好,就是她创造这一切的动力。

为什么要有钱呢？

"为了可以自由地买自己喜欢的东西啊！"

"为了过好日子啊！"

抛开这些表象。赚钱并不仅仅是为了富贵的生活，它还意味着很多，比如对家人的承诺。当家人生病时，拥有更好的经济条件，意味着能够给他们创造更好的医疗条件。金钱其实意味着选择的可能性，也意味着我们想要给家人的爱与承诺。

我教过这样一个男生。他出生在一个农民工家庭，并且毫不避讳自己的出身，他每个周末都会去当"力哥"，那是在重庆当地帮助别人挑重物而获取报酬的职业。

他说他的梦想是买三套大房子一套小房子，一套大的给自己的父母，一套大的给自己未来妻子的父母，一套大的给自己的姐姐，另外小的一套给自己。

男生有着强烈获取财富的动机，他也强调自己想要做有商业回报的事情。他做了不少尝试：在学校里面承包书吧，开淘宝店。

我非常欣赏这个孩子，因为他骨子里有着强烈的自信，也有想要改变自己命运的愿望。但是我心中又是痛的，因为我知道，这个孩子这么苦，一定是对家人赚钱的辛苦有太强烈的感受，他心中会有种强烈的负疚感，所以，他选择去当"力哥"的方式，来分担家人的苦与压力。

每个人想要获得金钱的动力是不一样的，有时候，人们会被物质的表象所迷惑，常常看不清自己获取金钱的动机是什么。

有一则新闻，某城市有一个名媛群，在这个微信群里，所

11

谓的"名媛"们以各种方式拼购奢侈物品、星级酒店房间、租赁豪车，而她们的打包购买背后，也许就是为了拍照发发朋友圈，塑造自己想呈现出来的"白富美"形象。拥有这些名牌的标签，是不是就给自己打上了阶层的归属？消费奢侈物品，是不是真的会让我们感觉到很幸福呢？

无节制的消费让我想到动画片《千与千寻》当中的无面人，他悲伤地喊着："我饿，我饿！"然后不停地吞噬下周围的物品。

沉溺于消费中的人，就像无面人一样。他们并不了解，无面人真正需要的，其实是爱，而不是金钱。

我们可能会意识到，一个疯狂购物的人，内心想要的可能是被尊重、被看到、被赞美。

朋友海莉在银行做关于财商的工作，而我也对这一领域关注了很久，我们都希望自己的孩子，能够在金钱方面独立自主，自给自足。

海莉的孩子小时候梦想要买一座别墅，里面要有很多的房间，还可以种花。这当然需要很多钱，不过小男孩看起来充满了斗志，如果这个梦想足够强烈，他应该会拥有更多奋斗的动力。

然后，海莉问航航："我们以后做一个活动，一起来卖东西，一起来挣更多钱好吗？"

航航睁大眼睛，看着她说："我现在每个月有十块的零花钱，我已经存了一百块；而且，我在银行里也存了一些压岁钱。我已经有钱了，我为什么要更加有钱呢？"

听到这里，我们都笑了。

航航拥有一种安宁平和的心态，她觉得自己不必为金钱而烦恼，我觉得这样也挺好。过了好几天，又是带着航航和洲洲在路上走着，天气很好，我们说到了要去逛商店，这个时候，我突然问道："航航，如果有很多钱，你会做什么呢？"

"买糖果，买文具，买书，还要给大家买礼物。"

洲洲也像是姐姐的复读机一样，完全一模一样地复述。

"航航，钱多钱少，都可以生活得很幸福，不过呢，如果拥有充足的金钱的话，你可以拥有一样很宝贵的东西，那就是自由——就像你看了关于新加坡旅行的宣传片，你想要坐新航一样，如果拥有足够的金钱，你就拥有选择的自由，头等舱或者是经济舱，你会有更多的选择，也许这就是金钱带给我们的最大意义。"

金钱不是为了满足不停膨胀的欲望而生的，金钱的本质是一种资源的交换，拥有金钱，意味着选择的自由，也意味着分享的自由。

如果一个女孩子没有太多的金钱焦虑，将来她在选择伴侣的时候，不会太多考虑对方的家庭条件，她会自由地追随自己的内心。

如果一个男孩子从小在不缺钱的感受中成长，他在生活方式上，会更多地追求自己的喜好与兴趣，他会活得更加从容与自由。

这也许就是金钱带给我们的最大意义。请注意，这里所提的，并不是他们真正拥有多少金钱，而是这种"不缺乏"的感受。

很多时候，大人想要获得的成功，往往是由匮乏感所导致的，这样的成功在实现之后，也很难获得真正心理上的满足，除非匮乏感被转化，转化成了"满足"，然后自身能够给予。

而另一方面，感受到"不匮乏"的孩子，常常有勇气去做更加自我的选择，更加能够听从内心的召唤，作出更加长远的决策。

创意财商的内涵

《我怎样学习地理》讲了这么一个故事。

在战争年代，小男孩的父亲，用仅有的买面包的钱，买回了一张世界地图。

小男孩的父亲被母亲训斥，小男孩想，他永远都不会原谅父亲。

可是他却发现，当现实变得越来越残酷的时候，因为这张地图，他的心灵似乎坐上了一张飞毯，看到了比所处的世界更加了不起的异国，有很多他不曾去过的地方，不曾造访的文明。

孩子的物质生活虽然贫苦，小小的一张世界地图，却改变了他的精神世界。

后来他成为一位了不起的画家。

这个故事让我们看到精神穿透物质的能量，它让我们看到父亲的勇气，他用一张地图，改变了孩子的人生格局。

在面包和地图之间，爸爸选择了地图，其实地图意味着一种超越时间与空间的力量。

当我们在教会孩子使用金钱时，也是在教会他们一次次地选择，懂得如何使用手中的金钱创造更多可能性。创意财商的实质，也就是通过金钱的获取和分配，向着自己心中理想的生活而努力奋斗。

创意财商是指让孩子们通过了解自己，了解金钱流动的规律，在未来通过发展自己的潜能，通过做自己喜欢的事、擅长的事来养活自己。创意财商，同时包含了两个部分的能力，一是金钱的获取，一是如何分配我们所获取的金钱。这两部分的经验都需要学习。

孩子未来的生活环境是我们无法预测的。一些职业会消亡，一些职业会兴起，同时，那一定是一个人工智能高度发达的社会。

那么，什么才是保证孩子在未来世界持续生存下去的能力？我认为，人类区别于机器的最大特点，就在于他们的创造力，而这种创造力结合商业知识，再结合科学合理规划金钱的能力，就能够保障孩子们在未来发现属于自己的机遇。

创意财商，就是创造性获得金钱和驾驭金钱的能力。创意财商和从前的财商教育不同的地方在于：

它在之前的教育内容基础之上，进一步探索了如何激发孩子的特质，鼓励他们发现自己的优势所在，并将其转化为可销售的产品，这一部分的内容在我的家庭教育图书《未来，让孩子自己创造》一书中已有论述。

它也进一步探索了金钱与消费带给孩子幸福感的影响，并用更多的案例研究与理论梳理，探索了金钱如何提升家庭幸福感，我们又以怎样的方式与金钱相处。这一部分是本书重点探讨的内容。我将从以下七个部分来展开关于创意财商家庭教育的分享。

一、和金钱做朋友

创意财商中最为重要的首先是金钱观。

要让孩子感觉到，金钱是一件拥有积极能量的工具，正确运用它可以实现我们的幸福。孩子在小时候应该接触到关于金钱交易的信息。同时，也要知道，资源不仅仅是指金钱，也包括精力与时间。

二、什么比金钱更重要

对金钱的驾驭能力，恰恰来自明白世界上有很多东西比金钱更加重要。

金钱和幸福，其实可以成为非常好的朋友，它们并不矛盾，金钱是实现幸福的重要工具，可是如果把工具当成了目标，那就本末倒置了。但如果不重视金钱，也是偏见在作祟，通过自己的勤劳和智慧创造金钱，有什么不好呢？

三、乐观独立

打开孩子职业生涯的视野，他们就能够看到，在未来，有创造力的人拥有更多选择，与金钱打交道是一件愉快的事。

四、学会健康消费

事实上，孩子的大脑就像是一个敏感的吸收器，金钱的相关知识是他们在每一天都会接触到的。在孩子的童年，要引导他健康消费。

如果他喜欢钱，那他就会想办法在未来创造财富，并且与社会共享。孩子们感受到钱不仅仅是一种私人的资源，他们就会更好地运用这种力量。

五、学会分享

父母养育孩子不一定都是为了报答，但是听到孩子说他愿意和家人分享，总是会让人高兴的。

家庭是最小的单位，孩子只有在家中学会了分享，长大后才会继续把自己爱的能量与世界分享。

六、关心家人的需要

家庭是一个极小的组织，在家庭的构成中，每一个家人的感受都会影响到家庭的总体幸福感。让孩子学会关心家人的需要，会让他们更加具备付出的勇气与力量。

七、增强孩子的幸福感受力

看起来，我们谈的是关于金钱的教育，其实我们是在讨论人如何更好地了解自己，如何通过了解自己更好地创造资源并且使用资源，这样的教育将会带领孩子们通往幸福之路。

能够很好地处理与金钱关系的人，其实在家庭当中是得到了充分的滋养的。金钱只是工具，只是一种资源，而我们与金钱的关系也是在我们童年时期就建立起来的，这其中有家庭的影响，也有我们对自己的认识。但作为成年人，我们仍可以随着孩子的成长进一步成长，将自己调整到一种更佳的状态。

家长是孩子们培养创意财商最重要的老师，我们的消费观念，我们对自己的感受，对身边人需求的感受，时时刻刻影响着孩子。我们自身并不是完美的，甚至，我们自己与金钱的关系也存在一些"情结"。比如，我们或许认为，对自己最好的方式就是买买买，又或者，我们将孩子的需要过分夸大，而忽视了自己和老人的需要。

陪伴孩子一起学习创意财商，我们也将经历又一次成长，和孩子一起学着与金钱做朋友，放大我们对于幸福的感受力。

以上，我简单介绍了创意财商的七个要点，接下来，我会一一展开，讲述每个要点最重要和关键的信息。

积极心理学家米哈里·契克森米哈赖认为："掌控生命殊非易事，有时根本就是一种痛苦，但日积月累的最优体验会汇集成一种掌控感——说得更贴切些，是一种能自行决定生命内涵的参与感——这就是我们所能想象的最接近所谓'幸福'的状态。"

金钱只是作为外界物质因素中的一部分，但是它与我们的生活息息相关，而创意财商所实现的目标，就是通过金钱这一工具，让孩子们真正理解幸福，并且向着幸福前行。

第二章

和金钱做朋友

　　时代在发展，人们会有越来越高的追求。工作的意义究竟是什么？上一辈的家长探索着自己，也在思考着孩子的未来。而针对孩子的不同特质，因材施教，给予孩子积极的金钱观念，让孩子真正找到自己的道路，是新一代的家长探索的方向。

　　　　这是一位凭借自己的勤奋进入了世界500强公司，并成为公司高层管理者的女性。小时候，她家境非常贫穷。在农村，她的家人因为只有两个女儿而被人看不起，就连她读书，也没有亲戚愿意借钱给她家。因为在农村的亲戚都认为，没有必要花那么多钱去供女孩读书。

　　　　她因此更加发奋，读书时，她努力勤工俭学，同时还拿到奖学金。她读了法律专业的研究生，并且成为公司的优秀员工。

　　　　她一直很拼，薪水越来越高，家庭也很幸福，爸爸妈妈也过上了让乡亲们羡慕的好日子。她应该感觉到满足了，但内心却生出了一种惶恐——她担心职场中自己被取代，同时也感到，自己并不是那么喜欢所做的工作，而更像是为了财富而付出努力，就和做一份学校的答卷一样。

　　　　其实，她的内心有被忽略的一面，她喜欢帮助别人，内心感情细腻，而这份和法律相关的工作并没有真正激发她的热爱。

然而，到了中年，如何实现下一个转身？这世界上，真的有可以把喜欢和热爱结合在一起，还能够养活自己的工作吗？

在她这一代，选择很少，容不得她为了自己的喜欢和梦想而工作，但是她的孩子不一样。如果他们喜欢，她会鼓励他们去做虽然收入少一些，但是能让他们感觉到有意义、感觉到心灵自由的工作，比如说教师，摄影师也行，因为她希望他们比自己生活得更好。

那么，新一代的家长们应该怎样帮助孩子呢？

积极心理学家马丁·塞利格曼在《真实的幸福》一书中提出"喝香槟、开名牌跑车是愉悦的生活，但不是美好的生活，美好的生活是每一天都用你的优势去创造真实的幸福和丰富的满足感，这是你在生活的每一个层面上——工作、爱情、教养孩子等，都可以学着做到的"。

在《真实的幸福》一书中，塞利格曼用他的研究让人们认识到了"愉悦"与"满意"之间对幸福的感受存在的影响，愉悦既可以是"豪宅、香槟、跑车"，也可以是一次舒服的热水澡，而"满意"所带来的幸福感则更为长久，也更为持续。

就像故事中的那位朋友，她通过奋斗所解决的是生存问题，事实上也带来了生活中的很多愉悦享受，而她希望孩子所拥有的是"满意"——一种超越了享受，更为持续的感受。用塞利格曼的话说，"用你自己的优势所获得的幸福感是建立在真实基础上的，就像幸福需要建立在优势和美德之上一样，优势和美德也必须建立在一个更重大的事物上面；就像美好的生活会超越愉悦的生活一样，有意义的生活则会超越美好的生活"。

第一节
做自己喜欢的事，赚钱是件开心事 ◀

小朋生长在一个努力奋斗的家庭。爸爸妈妈都做着很辛苦的工作，他们总是要加班到很晚才回家。每次回到家的时候，他们都很累，懒得说话，也没有太多精力去陪小朋。

和小朋聊起工作的事情时，爸妈总说："赚钱是很辛苦，上班也很累，我们这样还不是为你好。"

这样一番话被小朋牢牢记在心里，他知道父母为了自己做了很多牺牲。

小朋喜欢画画，学校里的美术老师鼓励他去发展这个兴趣爱好，但是小朋却拒绝了，他和老师说："学画画是养活不了自己的，能够养活自己的工作都很辛苦。"

小朋父母不知道，他们在孩子童年时期播下的种子，已经影响到了孩子对未来的认知。

事实上，财商培养的观念已经为家长所接受，重要的是，以什么样的心态来培养孩子的财商。家长的心态应该是平和的，而家长的积极也将成为孩子心中的积极。

首先是自己做孩子的示范。我的职业是教师，这是我喜欢做的事情；我也是一个作家，这也是我喜欢做的事情；我还喜欢孩子，所以写和他们相关的故事。这些事情我很自然地去完成，很自然地去实现，然后，社会会反馈给我相应的回报。

金钱是什么？有人这样总结过："就是当你做自己喜欢之事时，你对社会产生了贡献，社会希望你拥有的资源的总和。"

让孩子发现自我，找到自己的梦想，他们自然会竭尽全力，为这个梦想而打拼，当他们的梦想与整个社会的需求相匹配的时候，社会自然会反馈给他们回报。

我在大学里教过的很多孩子，他们到了大一，甚至一直到了大学毕业，都不知道自己喜欢做什么。甚至有人到了三四十岁，仍然不知道这个问题的答案。为了避免这种情况，我一直观察航航喜欢什么，洲洲喜欢什么，她们又擅长做什么。

这并不是一朝一夕就能够完成的事情，必须要有长期的观察，也要允许孩子试错。

自己喜欢的事情，不是每一件都会成为最擅长的事情，必须要同时满足三个条件，这件事情才会成为一生中都会坚持的梦想。

但是，在探索的过程中，我还是愿意陪着孩子一起去尝试，一起去发现。孩子一旦找到，她们的人生就会变得更加充满意义和光彩，就像得到了魔法，一切的财富和幸福都会随之而来。

这个过程应该是充满了成长的欣喜，当你在做自己喜欢的事情时，你会很放松，一定不会焦虑，你也一定会和着整个世界的节拍而努力，一切都像是水到渠成，非常自然。就像是此刻，我在敲击键盘，把我对孩子的理解记录下来一样。

这应该是我们面对财富的态度，最关键的是找到那一件同时满足三个条件的事情。

那么，要如何才能帮助孩子去发现这件很幸运才能找到的事情呢？

让他们知道世界上有很多种职业，而且未来还会有很多新的职业出现，有很多是我们从来没有听说过的。像是最近几年，我们身边也出现了很多不同的职业：越来越受到关注的收纳师，负责帮助客户整理房间物品并规则收纳；服装搭配师，帮助客户进行形象规划并提供服装搭配方案……

这些新的职业会创造不同的机会，而孩子们需要了解它们的存在，并且知道，这些职业需要不同的能力。如果他们真正喜欢并付出努力，就可以有更多的选择。

要培养孩子们的商业意识，让他们知道，自己喜欢并且擅长的事情，经过有针对性的产品设计之后，是可以与社会交换，也可以获得回报的。

像阿狸的创造者李欢，他擅长画画，并且通过画画，创造了自己的品牌"阿狸梦之城"。他知道自己擅长绘画，就专心地进行绘本的创作，而把其他的部分剥离开，交给自己的团队伙伴来完成。

又比如，那些非常擅长唱歌又有策划头脑的歌手，还有那些通过写作来养活自己的作家，还有在各种短视频平台活跃的主播，像李子柒等。

培养孩子的内在特质，让他们拥有将创意变现的能力。

对创意财商高的人做一个分析，会发现他们拥有的一些共同特点：

1. 思维灵活，随时准备迎接变化；

2. 专注力强，发现了自己最擅长的领域；

3. 懂得创意内容，也懂得商业运作的规律。商业化的知识将会帮助他们选择最有价值的创意来向社会推出。这其实是一种设计创意产品并推向社会的能力。

而最关键的是，他们拥有这样的信念——我是有创意的，我能够凭借我的创意让生活变得更加美好，这其中也包括金钱。

Shubham Banerjee，一个来自美国的十三岁小男孩，他可能是这个星球上最著名的少年创客。

乐高是很多孩子童年美好的回忆，Shubham Banerjee 也同样深深地沉迷于此。

有了盲文打印机的想法后，他说服父亲花三百五十美元买了乐高 EV3 机器人。拿到 EV3，Shubham 开始 DIY 他的盲文打印机。其实乐高 EV3 本身是可以用来制作打印机的，但只能打印出简单的线条。Shubham 如果要将它变成打出盲文的设备就需要他改写程序。

Shubham 打算投入 Braigo2.0 的开发中，他希望能把成本降到二百美元以下，让更多视障人士能够使用它。不仅如此，Shubham 还将 Braigo 的代码公开到了网上，希望更多人"抄袭"，这样盲文打印机就能更加普及。

在父亲的帮助下，Shubham 成立了初创公司 BrAIGo Labs，这个公司已经成功获得 Inter Capital 风投的十万美元的投资。

在这个个案中，Shubham 不仅找到了自己喜欢的领域，而且还能够运用商业规律将其变现，更加难能可贵的是，他懂得不能够垄断资源，并且积极地用他的发明改变世界。这一切的起点是——他拥有相信自己的创意，以及看待金钱流动的积极态度。

在技术高速发展、资讯也越来越容易获取的今天，孩子越是能够得到早期的关于寻找自己真正的兴趣，寻找自己所擅长领域的鼓励，他们身上埋藏的潜能越容易被开发。

当他们能够充分地发展自己的创意，将创意与商业社会进行衔接的时候，他们的未来就充满了无限可能。我们在家中可以有意识地去培养孩子的这些品质，让他们在将来拥有更多的选择。

当我们希望孩子在未来拥有更多的选择，能够发掘出更多的创意潜质时，我们就得先审视一下自己的信念——我是否相信孩子的创意能力和他的选择能力？

罗伯特·默顿提出由图式引发的自我实现预言，即使自己的预期成真的预言。这是由罗伯特·罗森塔尔和莱诺尔·雅各布森的实验所证实的，老师的预期充当着自我实现预言的作用。

他们访问了一所公立小学，告诉老师他们将用一种名为"哈佛技能获得变化实验"的方法来准确地预测他们的学生中哪些将会成为"天才"。当然，其实并不存在这种测试方法，研究者随机挑选了这些"天才"小学生。老师们用受到影响的观念来看待孩子们，在学年末学生们参加一个智力测试时，被视为"天才"的孩子比他们的同学表现出更明显的智力增长。

事实上，孩子们内化了外在环境的期望，将其变为自己的认知。最后，在内心形成了一个独立的信念系统，这决定了他们未来如何与外界相处。

家长们如果相信"金钱可以通过创意获得""我的孩子都可以找到他们擅长的领域"，这样的信念也可以传递给孩子们。当孩子们相信，金钱是自己的朋友，他们就更加有力量在未来去创造机会与金钱打交道，否则，即使面对很好的机会，他们都不敢相信自己能够把握。

所以，家长们要检视自己的言行，看看自己内心对于创意和金钱空间怀着什么样的信念，而这样的信念也会在潜移默化中影响到我们的孩子。

正如心理学家卡尔·古斯塔夫·荣格说过："你的潜意识指引着你的人生，而你称其为命运。当潜意识被呈现，命运就被改写。"

对金钱的信念就是最初的一颗种子，而这颗种子会在孩子们心中生长，成为指导他们未来一次次选择的路标。

第二节
▶ 孩子的财商倾向有多种

小山在很小的时候就很讨厌冒险，他和弟弟不太一样。弟弟总是喜欢去爬各种各样高高的游乐设施，而他总是要反复确认这是不是安全。

长大了之后，小山的钱总是喜欢存定期，而他的弟弟总喜欢把钱投资到股票当中去。当然，他的弟弟赚钱多的时候，常常会高兴地告诉他，自己赚了多少多少。小山也渐渐地开始学着做一些基金的投资。

有一次他们面对同一个市场行情，大家都认为是好行情要来了，越来越多的人拥进了投资市场。

小山的弟弟看到收益一直在增长，非常高兴，于是又追加了一大笔的投资，而小山看到自己的基金超过了自己的预期收益率，果断地把基金都出清了，他赚了一笔钱，但是没有赚得太多，可是小山也很知足了。他觉得自己打破了自己以往的保守，这只是一次小小的尝试。

后来，弟弟的股票一下子暴跌，他损失了一笔钱。可是弟弟还是那么乐观，因为在他看来，有涨有跌才是人生常态，说不定什么时候，这些股票又会涨回来呢！

无论小山还是他弟弟，他们的投资选择都是基于自己对风险的偏好，也是基于对自己的理解，因而他们都感觉是适合自己的。面对投资，每个人都没有标准答案，重要的是找到最适合自己的方式和道路，在这点上，尊重自己的天性，是投资的前提。同样，作为父母，我们尊重孩子的天性，也是创意财商教育的前提。

我们用水土风火四种特质来描绘不同孩子的个性特质，

这四种元素代表着不同的生命状态，而我认为这四种状态在表现儿童财商方面，具有非常强的适应性。同时，这种特质还可以用于表现儿童在不同的财商能力方面所呈现的偏好和特点。

类型	利	弊
水相	细心、谨慎、体验深刻而精细、感受力强	容易给人难以接近的感受，敏感，情感过分克制，难以决策。
土相	安静稳重、善于克制自己、善于忍耐、不尚空谈，注意力稳定而集中	对新鲜事物采取回避态度，有因循守旧的倾向
风相	充满朝气、善于交际、与人为善、适应力强，易于接受新生事物，思维敏捷	精力易分散，注意力常转移
火相	精力旺盛、热情直率、反应速度快、思维敏捷，能以极大的热情战胜困难，富于独创性。	缺少平衡和自制，常常受情绪支配

这四种个性的孩子，在财商表现中，是不是一定会表现出与自己个性特质相类似的表现呢？答案是不一定。

财商之所以值得研究，是因为它不仅仅受个性特质的支配，还受到外部环境、儿童的认识程度，还有家庭教育的影响，所以常常会有一些儿童，表现出与自己的个性特质不符合的财商表现。

我们也用水土风火这四种个性，来界定出在五个能力板块中，儿童所表现出来的特点。不同类型的孩子，可能会在消费行为中表现出"水"的特质，同时会在储蓄行为中表现出"火"的特质。

基于这点来说，根据儿童的个性作为第一前提，在财商培养的目标上是不同的。比如对于多血质的孩子，可能目标培养就应该鼓励其实现冒险与挑战。创意财商培养的目标是平衡，我们让金钱作为工具，寻找通往幸福感的道路。

家长要懂得孩子的个性不同，适合他们的投资方式也不同。

能力板块	水相	土相	风相	火相
消费偏好	有较保守的消费观念，喜欢压缩自己的消费，转而用在其他方面	保证常规消费，愿意减少自己的平时消费，以达到更远的期望满足	积极消费类型，享受消费带来的快乐	情绪化购买，高频率购买
储蓄偏好	有强烈的储蓄偏好，抗拒风险，通过储蓄来获得安全感	有强烈的储蓄偏好，通过储蓄来实现自身的财富目标	会适度储蓄，但是其动机来源于对消费的满足	几乎不存在对金钱的担忧，对金钱有着天生的自信，所以不偏好储蓄
投资偏好	较小的财富获取动机，在财富领域属于被动接受	通过储蓄来增加财富是常规，有一定的获取动机	积极理财，能够承受一定的风险	一个典型的冒险家，倾向于承受较大的风险，有较强的创富动机
自我觉察	善于了解自己，能够倾听内心，体察自己和他人真正的需要	平稳地跟随主要的潮流，能够以一种大众认可的方式寻找到需要	能够了解他人和自身的需要，易于受到外界的影响和潮流的影响	不善于了解自己的需要，对于物品、金钱和自身幸福感之间的关系，不善于从内心思考，几乎靠本能在活动
创造性潜力	通过自身的内心体验，去寻找创造性的财富机会	通过长期的观察，稳定地寻找自己创造性的财富机会	通过与外界的频繁互动，去寻找自己创造性的财富机会	通过冒险，在一些充满风险的领域去寻找创造性的机会

五个板块，不同的四种程度，会有多种组合类型！

就个体而言，大致去评价孩子的财商表现特点，多种组合类型可以体现出孩子身上极强烈的差异性。

在这里，我们针对儿童创意财商的划分类型，大致来确定对不同类型儿童的创意财商的培养方式。

针对孩子的"水相"偏好：鼓励孩子发挥细腻的那一面，能够进一步去深度思考；

针对孩子的"土相"偏好：鼓励孩子大胆去冒险和尝试新事物，并且让他们能够更加大胆；

针对孩子的"风相"偏好：引导孩子培养长期的耐心，同时能够持续专注地建立目标；

针对孩子的"火相"偏好：引导孩子更慢地决策、更好地思考、更慎重地考虑问题，同时也保有他们的热情。

财商培养的目标，并不是培养出整齐划一的，我们认为"正确"的消费理念、储蓄理念，以及创富理念，而是在充分了解孩子的基础之上，激发出他们身上潜藏的无限可能性，引导他们走上与自己个性气质相匹配的道路。走在这条路上，孩子们遵循自己内心的特点，被激发出更多对金钱的理解，对金钱的正确使用和驾驭。

事实上，当你作为顾客到银行进行投资咨询时，理财经理也会首先给你做一个投资偏好的测试，他们会根据你的年收入情况、你对投资的预期、你是否有投资经验，来将你划分为激进型、保守型、平衡型……这种划分是为了进行更加个性化的投资。

　　我们充分地了解孩子的个性差异，也是为了看到他们在创意财商中的不同倾向，从而陪伴他们成长。

　　即使同在一个家庭的孩子，也会有很大的个性差异，而这也会影响到他们的理财倾向。

▶ 根据孩子的特点因材施教

一、了解孩子，然后引导孩子

在消费观念和投资观念上，孩子们的个性差异也会引发很多的不同选择。

幼儿园时期，航航对我说，想要买一块手表，我就告诉她：你可以用自己的零花钱买。

我和航航还有洲洲一起去了文具店，店里面有各种价位的手表，可是航航选了半天，还是买了一块最贵的。她喜欢品质好的东西，认为其质量好。酸奶也会选择最好的那一种。她和我不同，她会选择自己认为最好的东西，她认为自己配得上这些物品。

航航会成为一个宁缺毋滥、懂得选择的孩子。她拥有更加丰沛的心理预期，去善待自己，而洲洲呢，在她的成长过程中，因为总是和姐姐在一起，所以很多选择都依姐姐的，好像对她来说，怎么样都可以。我希望她能够感受到自己的独立选择，并从中获得深深的满足。

于是，在陪伴孩子建立消费观念的时候，我们更多地鼓励航航学会等待，延时满足。同时，尽管航航不能再穿的衣服洲洲都可以穿，在买新衣服的时候，一定是姐姐一份，妹妹一份，因为我们想要让孩子知道，其实她们的需要都值得重视，都值得珍惜。

这是我们在孩子消费观念方面的因材施教。

另外，父母要更加了解孩子，了解孩子的喜怒哀乐。父母可以在与孩子相处的过程中，去感受他们的金钱逻辑，孩子们在使用与获取金钱时，背后是他们的内在性格在起作用。感受到这种差异之后，父母也就能够根据他们的特点来引导。

举例来说，在投资偏好方面，航航偏向于土相，洲洲偏向于火相，而我对她们的引导也各有不同。如果说航航是一个稳定的前行者，而洲洲就应该有一点点冒险家的气质。

航航和洲洲还在幼儿园时，便和我一起去了银行找理财顾问海莉阿姨。海莉非常地细心，用一张纸画出了图，告诉俩孩子，什么是银行储蓄，要不要储蓄。

航航的答案是很干脆的："要放在银行！"

但是在选择什么样的产品上，我也举了一个例子。放在银行的钱呢，是四根棒棒糖，最后可以预计到，会多一根或者是半根。放在股市呢，有可能四根会变作十根，但是也有可能四根最后变成只有半根。

航航的答案非常干脆："放银行！"

但是一直在不停地摆弄东西的洲洲，我凭直觉判断，她是可以承受更多的风险的。

于是，针对不同孩子的不同个性，我和孩子们一起讨论，选择了五年定期和基金。

因为航航和洲洲是不同的，所以在她们的财商教育中，我认为要尊重她们各自的差异，让她们找到真正属于她们的幸福感。

正如前文所说，我们要做的，其实是老祖宗概括出来的一句最朴实的话——因材施教。

"因材施教"就是了解我们的孩子，了解他们不同的个性，从而在教育中做到有的放矢，这也是我们会鼓励航航大胆投资，而规劝洲洲谨慎选择的原因。

儿童创意财商教育也应该因材施教，根据孩子的不同个性来鼓励他们选择不同的道路。

每个孩子都是不一样的个体，他们有着自己的心灵密码，有着不同的个性，在面对他们的时候，父母首先需要了解孩子的不同。没有哪种个性是"正确"的，也没有哪种个性是"不正确"的。父母需要尊重孩子的差异性，并了解他们是独一无二的，针对他们的个性展开创意财商教育，具体操作的方法有——

1. 因势利导。根据"水相""土相""风相""火相"的不同特征，鼓励较为谨慎的孩子善用金钱，来满足自己的需要；鼓励较为保守的孩子参与冒险，参与更多创造金钱的活动；鼓励有些着急的孩子学会等待和延迟满足。前文对航航和洲洲的教育即是遵循这一原则。

2. 通过孩子的表现来重新思考自己的特质，并作出积极的调整。

有一位妈妈，发现自己的孩子在与同学的交往中表现得很计较，同学们吃午饭时喜欢互相分享好吃的食物，而他会把自己的食物吃完，就连最好的朋友说要吃一口也不肯分享。这位妈妈很快反省自己，是不是给了孩子不好的示范。她自己在成长过程中，对于爱的感受是非常匮乏的。从小，她的父母感情就不好，而妈妈对她倾注的爱也有限，无论精神还是物质。所以她对孩子一直采取的是推迟满足，甚至是不满足的策略。虽然到了今天，她的家庭条件已经改善了很多，但是她仍然无法忘记那种匮乏的感觉。这位妈妈意识到自己的问题后，马上对此作出了改变，她开始及时满足孩子的需要，甚至更加主动地关注孩子的需要，不再吝啬。在妈妈改变了自己的方式之后，孩子也发生了变化，他开始变得更加笃定，也更愿意和同学们分享了。

3. 从创造财富、消费等过程中增加孩子们的体验感，告诉孩子我们有时候要给自己准备一些惊喜，让他们体会到金钱运用得当所带来的快乐。

有一个家庭想要在"三八"妇女节那天给孩子班上的老师送花，而那几天花店里的花价格高得离谱，爸爸妈妈就带着孩子去了花市，他们在那里用批发价选好了康乃馨和雏菊，抱回家中，再一点点分开整理成花束，送给给孩子教课的所有女老师。这不仅节省了金钱，同时还让孩子参与到了创造惊喜的过程当中。

另外，孩子们也要认识到金钱的局限性。一份礼物的价值在于投入的巧思与心意。我带航航和洲洲选一份送给朋友的礼物，选择的时候，我会小心地计算，这份礼物是否会让对方感觉到心意。我为她选了一个名牌小包，那位朋友收到礼物之后很高兴。我告诉孩子们说："真正好的礼物不在于价格高低，而在于是不是适合对方。心意才是无价的。"

4.通过游戏、故事、电影、纪录片，家长们可以对孩子循循善诱，分享理财观念，进而影响他们。

平时，我们也会和孩子一起玩《现金流》游戏，在这款游戏中，我们感受到了孩子们不同的个性。

到了小学高年级，航航会一板一眼地储蓄、攒钱，她会把每一笔钱都好好地存起来，可是要达到游戏获胜，每个月自动产生的现金流要大于开销——跳出日复一日的赛道循环，进入财富自由快车道还很遥远。

这个时候，我们就会鼓励她，在面对投资机会的时候，再积极一点。当有机会选择购入升值空间大的基金时，我们一定会积极地推动她。

而洲洲的投资观念则更加激进。

一开始，在大家的帮助下，她得到了购入低值基金的机会，后来基金一下子翻了十倍。这让她大受鼓舞，在面对一次投资机会时，游戏提示：如果能够掷出两次骰子合计点数大于六，那么就能够得到资产翻倍的机会，否则的话就可能失去全部现金。

"我一定能够做得到的。"她很自信地投了出去，合计点数大于六，所以她的资产又一次翻了十倍。

在下一个机会到来时，又是面临资产翻倍或者失去全部现金，这时，她还想再一次地选择冒险，我和爸爸就给她解释了一下市场的波动，她现在距离胜利已经不远。洲洲终于放弃了这样的选择，最后，她稳稳地实现了游戏的胜利。

最后，我们有一个复盘时间，一起来讨论这次的游戏。航航所说的是："我想，工资收入只是我们收入的很小一部分，我们要学会积极地理财，也要学会打理自己的资产。"

而洲洲的发现是："我需要很多人的帮助，也需要很多人的建议，我们才能取得成功，不能一意孤行。"

那一年，她们已经是十二岁和十岁，理财观念也发生了变化，而这种变化，也是父母陪伴她们、发现她们的特质后的选择。

简单来说，我们鼓励保守的航航更多地去冒险，而鼓励激进的洲洲选择对她来说更加安全的方式。在游戏结束之后，那一年的压岁钱，航航第一次主动提出："妈妈，我想把钱放一部分去进行基金投资，可以吗？"

我想，这是孩子在观念改变中的进步和成长。偏向于土相的航航，我们鼓励她更加积极尝试，而偏向于火相的洲洲，我们在努力让她慢下来，再慎重一点。

二、重视零用钱的管理

零用钱的分配对于孩子来说是极为重要的理财方式。我们家的原则是放权。钱发给了孩子，孩子怎样使用，由她们自行决定，但原则是要有利于身体健康，同时，也要让孩子拥有使用金钱来给家人购买礼物的权利，不要一味地拒绝，因为这也是她们利用金钱与家人分享幸福的必经阶段。

家长要懂得大胆放权。通过对于零用钱的核心管理，孩子获得选择的自由，哪怕选择错误，也拥有了属于自己的经验。

近年来，孩子们的压岁钱"水涨船高"，有一些孩子甚至得到了数十万的天价压岁钱，对于这样较为高额的压岁钱，家长们则要学会给予孩子一定的理财技能的培训。从法律上讲，压岁钱毕竟是亲戚朋友赠予孩子的财物，而如何使用这笔钱却需要技能，可以借由压岁钱展开对孩子最初的理财教育。

根据《重庆晨报》的报道，2021 年春节，西南政法大学民商法学院大三学生何本宇收到了五千多元压岁钱，他计划继续用于理财。

何本宇告诉记者，上大学前，他每年的压岁钱都由父母存在银行卡里，"2018 年高考后，父母将存好的这几万元压岁钱交给我，让我自己打理"。大学期间，就不再单独给生活费。

"一开始，父母也是抱着可能会亏完的心态提议让我理财。我开始自学，通过看书、看财经频道、跟亲戚交流来慢慢入门。恰好这两年行情还不错，每年收益率达到了 20%。"但通过理财具体赚了多少钱，何本宇表示不方便透露。

"根据自己承担风险的能力，我一般会将至少 60% 的钱用于风险较大的股票或者股票型基金上，其余 40% 的钱则用于风险较小的债基或定期。"何本宇称，这个比例还要随着市场行情而调整，比如在大盘高位抛出后，折现的钱则存到活期或余额宝以过渡，待到低位时再买进。

我相信，随着理财观念的进步，通过压岁钱和零花钱进行理财启蒙会越来越普遍。而这也是家长理念的一次进步。

三、培养孩子们早期的职业观念

1. 让孩子感受到，工作是一件快乐的事情。工作是重要的，它代表着我们面对生活的某种态度。我希望父母能够传递给孩子的，更多是对工作的专业意识。

2. 让孩子有意识地思考，自己最喜欢做的事情是什么，有哪些方式是可以从中挣到钱的。

3. 最重要的是父母的观察。细心的父母应该发现孩子擅长的领域，并且积极引导培养。

4. 要培养孩子的自信。让孩子相信自己一定有某一方面独一无二的才能。

5. 让孩子多见世面，知道世界很大，有很多很多的职业。人们通过工作获得自己的生存材料，同时也确认自己的价值，作出对社会的贡献；有了钱之后，也要学习回报社会。

四、要引导孩子学会尊重金钱和劳动

不要觉得谈钱是一件很不好意思的事情。

1. 让孩子们知道，一些看起来没有用的东西，像是废纸什么的，并不是真的没用，而是没有找到自己的用武之地。让他们有珍惜物品的概念。

2. 让孩子们知道，每一分钱都值得珍惜。

3. 让孩子们对劳动有更加丰富的体验。

4. 尊重每一种劳动。绝对不要用"学习不好就去卖废品""学习不好就去当清洁工"这样的话来教育孩子，每一种

劳动都值得尊重。

总之，对孩子创意财商的引导，也是一种生活方式的选择，要看到每个孩子都有自己的特点，家长们应多了解孩子，从而有针对性地进行引导。

第三章

什么比金钱更重要

如果人生仅仅是由金钱来衡量，那会是多么乏味。让孩子意识到金钱的重要，恰恰是为了让他们拥有更好的驾驭金钱的力量，让他们知道在生活当中，处处都有比金钱更重要的宝物。

有一位年轻的创业者，他努力奋斗，在最初的打拼中积攒下了第一桶金。他继续努力，又拓展了自己的产品线，又开设了更多的工厂。原本以为一切都将走上正轨，可是谁知道受到了大行情的影响，工厂的业务受到冲击，先是亏损，最后不得不结清业务回到老家，而他身上还背负着好多债务。

回到老家之后，他默默地打工赚钱，但在还钱的过程中，他也很痛苦，为什么自己那么努力，最后反而欠了这么多钱？他心有不甘，后来有好几笔欠朋友的钱到期，他也不想还了。

这个时候，一位朋友给他打电话，他以为是向他要债的，但那位朋友却告诉他说，人失败不可怕，但可怕的是失去信用。

"我现在什么都没有了。"他难过地说。

"不，你还有信用在，想想看史玉柱，想想看褚时健，他们都是用自己的信用作担保，然后才能东山再起。"

得到了朋友的鼓励，他下定决心，要再回到自己打拼的那座城市，而不是一蹶不振。

终于，两年后，他还清了所有欠款，开始了新一轮的打拼。

第一节
▶ 最贵的是信用

有时，两个孩子在外面买东西钱不够，她们会问我借钱，我会很爽快地答应，然后告诉她们说："信用很重要，我相信你们。"

她们刚开始会问我，信用是什么。

"喔，信用就是我们一直以来在别人心目中的可靠程度，包括你是不是按时还钱啊，是不是及时还了贷款啊，这些都是信用，好的信用可以为你带来很多便捷。"

有一次，四岁的航航买零食借了文文妈妈一元钱，一回到家，我就让航航去还了钱。虽然钱不多，但是我想让航航知道，信用是最为宝贵的。

"信用是我们最重要的资产，借钱还了之后，才会有下一次再借的机会，否则的话，你就失去了自己最宝贵的资产。"我这样对航航说。

航航虽然刚开始有些不好意思，但还是跟着我一起去了，我想要让航航明白，信用对一个人的重要性，就像史玉柱为什么能够东山再起，和他自己在最艰难的时刻，仍然努力还清欠款，是有非常密切的关系的。

航航那时已经四岁了，我想她应该能够听懂，这是关于财商中社会性的一面。信用是最重要的资产，只有珍惜自己的信用资产，孩子们才能够获得来自社会持续的帮助。

中国社会正在越来越重视信用，支付宝的应用，还有金融体系的健全，让信用成为了人们最重要的宝贵财富。

在澳洲旅行时，我发现那里的火车站常常没有检票口，人们靠自觉去买票。这样的话，会不会有很多人逃票呢？

在与当地朋友闲聊之后，他们告诉我说，并不会。

因为虽然火车站没有围栏和检票口，但是一旦发现逃票，带来的损失实在是太大了。

一位留学生在找工作的过程中处处碰壁，就是因为他有过逃票记录，这让当地的公司不敢雇用他，因为这是一个"丧失了信用的人"。

言而有信，言出必行，一个拥有良好信用的人，将在社会中拥有最好的资产。提醒孩子们重视信用，那是孩子们最好的资产。

第二节
▶ **健康是幸福的基石**

小可的妈妈认为孩子将来升入高年级时，学业压力会变大，所以一定要让孩子在小时候锻炼好身体。

他们全家都养成了很好的运动习惯，每天都会有定期的运动，尤其是在孩子小学时，小可妈妈即使压缩孩子上学习培训班的时间，也要带着孩子去参加各种各样的体育活动。像游泳、打高尔夫等。更重要的是孩子和爸爸妈妈在一起经常打羽毛球，这也培养了她的运动习惯。

在一次运动中，小可忽然得出一个结论："其实凡事努力坚持，总会有进步的。"

小学时，小可的学习成绩在班上属于中游，到了初中，和同班同学比起来，她的精力更加充沛，而且在班上的一次体能测试当中，全班五十多个同学，只有她是"优秀"。

良好的体能是我们从事一切的基础。作为父母，我们首先要让孩子知道，健康是所有一切的基石。只要规划得当，健康与成就是相辅相成的，如果被迫要作出选择的时候，那么就宁可选择健康。

2016年，孩子爸爸做了一个重大的决定，他决定辞掉公司里的负责人岗位，回到他原单位的技术岗位。

作出这个决定我们犹豫了很久，但是爸爸终于决定要听从自己的内心。

在这之前，我做了一个梦，梦见我在专柜挑珠宝，导购给了我很多选择，但是我却听到孩子爸爸说："戴着脖子有些硬。"

我犹豫了一下，再看看价钱，远远超出了我的预期，于是我放下了珠宝，对导购说："我不要了。"

回身，却发现很多人都在等我，我和孩子爸爸一起牵手坐上了公交车，开心快乐地往前走。

解读这个梦，我发现了自己决心放下那些别人眼中华丽的东西，而选择一种更加有价值的生活。对我和孩子爸爸而言，健康肯定是最为重要的，健康了才能够更好地照顾家里人，才能够拥有快乐的人生。

我和孩子爸爸都是踏实做专业的人，这意味着我专注地做好眼前我认为重要的每一份工作，善待自己的工作，不是为了名利，而是为了好好地工作之后，内心的那份成就和快乐感。

在作出这个决定之后，我看到洲洲开始很珍惜地把硬币放在小钱包里装起来。

"我喜欢钱。钱可以买很多好东西。"洲洲说。

　　我想是那次带着她去买夹子之后，她感觉到，钱是可以用于实现自己的梦想和心意的。

　　"那么有什么东西比钱还重要呢？"我又问她。

　　"健康。"航航回答说。

　　"爱我们的亲人。"洲洲回答说。

　　我觉得孩子能够这样想，恰恰是最让我欣慰的事情了。

亲情、爱情和友情 ◂

媛正在经历中年危机，在别人看起来，她已经拥有很多东西——圆满的家庭、聪明可爱的孩子，还有一份自己的事业，但是她在此刻却感觉还有所欠缺，总感觉能够和自己说话的人越来越少。

最近她和朋友一起出去玩了，在和朋友相处中，她忽然发现，她缺少一段可以持续很久的女性之间的友情，那些友情好像水一般在身边流过，但最终却没有留下痕迹。

她很想要有一段属于自己的友情，她想要和另一位旅友成为朋友，而这时她发现，她们在相处过程中却充满着竞争。

拥有一段友情真的有这么重要吗？她的答案是肯定的，因为她需要找一个在家庭之外，可以倾注自己情感、彼此陪伴的知己。但难以建立这样的关系是为什么呢？

　　在一位咨询师的帮助下，她回溯了自己的童年——她生活在一个有三个孩子的家庭，三个孩子都是女儿，父母一直都在为没有儿子的事情争吵，她很早就被送到亲戚家寄养。她一直都很努力，想要成为家里的骄傲，事实上，她也改变了家庭的命运。她一直都在努力争取妈妈的爱，可惜妈妈一直最宠爱的是家中的幺女。

　　这种关系不自觉地投射到她与女性的友情当中。

　　当她意识到了这点，她放松下来，不再刻意去迎合朋友的要求，不再刻意为他人提供什么，她表现出真实的自己。渐渐地，与女性朋友的友谊有了好的发展。

　　亲密关系在我们生命当中，起到了极其重要的作用，它在某种程度上影响我们与金钱的关系，甚至很多时刻，我们在不自知的情况下，是为了亲密关系而努力奋斗。就像《了不起的盖茨比》里面的那位大亨一般，但金钱最终不等于亲密关系，我们的幸福感，来自我们所感受到的爱与支持。

　　在对孩子们的教育中，我们也要让他们感受到亲密关系的重要与可贵。看电影是一种很重要的交流方式。

　　那一年，我们一起看了国产动画《大鱼海棠》，我和洲洲都感动得流泪了。整部电影是在讲"爱与承诺"，因为爱一个人，所以会努力地想要付出所有。爱的奉献，爱的无私，这样的主题，在中国的动画电影中是非常少见的，我们大多局限于现实，骨子里是不能接受这样的爱的。

通过和孩子们一起去看不同的电影，我们也经历了不同的人生故事。除了《大鱼海棠》之外，让我们一起洒下热泪的电影还有《摔跤吧，爸爸》《小萝莉的猴神大叔》《仙境之桥》……这些电影讲述着不同的情感，从爱情、亲情到友情，在不同的故事当中我们感受着情感的珍贵。

这种深沉而细腻的情感教育，会让孩子们在生活中排序时，永远知道，真正重要的是人与人之间的情感。亲密关系对我们何其重要，不仅仅是亲情，还有友情与爱情。这些情感都是我们平凡生活当中的钻石。

▶ 生命的热忱

　　他是一个缺乏热情的人，好像从小就没有特别想要的东西。读大学的时候，有人追求他，他看那女孩条件不错，就和她在一起了，但他始终没有体验过心动的感觉。

　　他对工作投入了很多热情，如果说他有多么喜欢那份工作，可能也谈不上，他只是尽自己所能，多去赚点钱，让家人过上更好的生活。

　　年轻时还好，可是人慢慢到了中年之后，他发现心中有了越来越多的空虚感，拥有的东西让他感觉缺乏意义。

　　他开始寻找心理咨询师的帮助，在别人看来，他已经拥有很多了，金钱和家庭他都拥有，他还缺少什么呢？

　　经过一段时间的探索之后，心理咨询师和他一起回顾了童年，发现缺乏热情的原因，其实是来自他父母对他要求非常严格，永远期待他有最好的表现。他害怕失败，害怕不被家人认可，所以不愿意付出多一些情感。

他开始试着对生活投入多一些的热情和期待，甚至有时候还会打破每一天的常规，多一点点计划外安排，带给身边人一些惊喜。他也开始渐渐调整自己的工作状态，试着在自己日常的工作中，寻找最能够激发自己热情的部分。

经过一段时间之后，他的生活状态有所恢复，那种对生活的倦怠感慢慢在消退，而他所经历的这一段时间的危机，也让他重新看到，热情是在任何阶段都很珍贵的生命活力，热情让我们的生命充满意义。

热情是一种好奇心，也是一种期待，还是一种希望，它让我们的奋斗有了更多目标，也变得更有意义。拥有再多金钱，都无法替代人心中热情的位置。

我在大学教广告专业，在广告教学中和学生们一起做广告项目，我希望大家能够一起把海报张贴到宿舍，而一位女孩看着我，说道："可这是没有意义的。"

女孩说的有道理，马上就是周末，这个时候张贴，看到的人会比较少了，而且，打印出来的单色海报，比彩色的海报，少了很多质感。

但是，换个角度，1% 的可能性，需不需要投入我们 100% 的热忱？

你选择恋爱的那个人，不确定他会和你在一起；你选择的那份工作，不一定能够一直做下去；你选择去旅行的那个地方，也许根本不像你想象中那样美好。

那，还要不要去爱？还要不要去工作？还要不要去旅行？

悲观一点看，人做任何事情都是没有意义的，因为我们终极的宿命都是一样，都是一抔黄土。

当你看到这样的一个结局，肯定会觉得好悲观，那么，我们还要不要活着？

当然要了！

怎么能够不活着呢？

活着多好啊！心还会跳，可以去爱，尽管不确定明天是否分离；工作还很快乐，做这件事情绝对不能只是为了工作，只有感到快乐才能继续；旅行也很棒，哪怕旅行过程中遇到各种奇葩的事情，回过头看也是一种快乐。

人活着就是需要不计代价的热忱，这种热忱是一种在充分了解了悲观可能下的乐观主义。而只有拥有这样的热忱，我们才能真正地成为有创造力的人，保存初心与热情。

事实上，当我和从事中学教育的朋友们交流时，常会问起一个问题：“那些在中学阶段能够持续进步的孩子，他们有什么样的特征？”

他们的回答是：充满了旺盛的生命力、热情与好奇心。

这样的孩子，即使小学起步比其他孩子晚一些，仍然有机会在中学大踏步前行。其实,不仅仅是在中学阶段,那些能够在各行各业取得成就的人,都离不开生命力与热情。而这,恰恰是推动我们成功、去探索金钱秘密的宝贵财富。

马丁·塞利格曼是"积极心理学之父",他在《持续的幸福》一书中提出了幸福 2.0 理论,他认为幸福 2.0 理论由 PERMA 五个元素构成。

P:积极情绪(positive emotion)。

E:投入(engagement)。

R:人际关系(relationships)。

M:意义(meaning)。

A:成就(accomplishment)。

成就(或成绩)往往是一项终极追求,哪怕它不能带来任何积极情绪、意义、关系。

因此,幸福 2.0= 积极情绪 + 投入 + 人际关系 + 意义 + 成就。

而拥有热忱和活力,也意味着我们可以更加全心地投入,也更能够感受到积极情绪,进而从中发现意义,建立人际关系并最终取得生命中平衡的成就。

第五节
▶ **时代转型期的创意财商教育**

在一个研究范围最广的研究中，研究者比较了富有和贫穷国家人民的主观幸福感，下面是在二十九个国家（每个国家有一千多人参与）中进行的生活满意度调查的结果。

下表列出了各个国家人民的平均满意度，购买力是以美国为 100 分，其他各国与它进行比照，得出的调整值。

各国人民生活满意度与购买力调查统计

国家	生活满意度	购买力	国家	生活满意度	购买力
保加利亚	5.03	22	德国	7.22	89
俄罗斯	5.37	27	阿根廷	7.25	25
帕劳	5.52	30	中国	7.29	9
拉脱维亚	5.70	20	意大利	7.30	77
罗马尼亚	5.88	12	巴西	7.38	23
爱沙尼亚	6.00	27	智利	7.55	35
立陶宛	6.01	16	挪威	7.68	78
匈牙利	6.03	25	芬兰	7.68	69
土耳其	6.41	22	美国	7.73	100
日本	6.53	87	荷兰	7.77	76
尼日利亚	6.59	6	爱尔兰	7.88	52

国家	生活满意度	购买力	国家	生活满意度	购买力
韩国	6.69	39	加拿大	7.89	85
印度	6.70	5	丹麦	8.61	81
葡萄牙	7.07	44	瑞士	8.36	96
西班牙	7.15	57			

这项跨国的大型调查显示：购买力强的国家，人民生活满意度也高；一旦国民收入超过人均 8000 美元之后，这个相关开始消失，财富的增加并不能继续增加生活的满意度。

整体而言，这份资料告诉我们，金钱不一定能买到幸福。二十世纪的后五十年，富庶国家购买力的改变也带给我们同样的信息：美国、法国和日本实际购买力已经翻了一番，但是生活满意度却没有变化。

2020 年 8 月 7 日，国家统计局网站发布国家统计局国际统计信息中心主任张军的署名文章。文章提到，2019 年，我国人均国民总收入（GNI）进一步上升至 10410 美元，首次突破 1 万美元大关，高于中等偏上收入国家 9074 美元的平均水平。

伴随着中国经济的发展，中国社会的人均国民总收入超过 8000 美元之后，整体社会的满意度增加，就不再仅仅取决于金钱了，而中国的家长需要做的是，陪伴孩子在这种变化中，拥有更加先进的金钱观念。

在一个时代的转型期，我们与金钱的关系仍然重要，但它不再是决定幸福的第一要素，在那之外，还有更多等待我们和孩子们一起去探索的内容。我们仍然要注重金钱的工具属性，并积极地与孩子们交流关于金钱的生活细节，但在那之外，还有很多关于金钱的课程等待我们和孩子一起去研修，而这些课程关系到我们是否能获取到持续的幸福。

一、重视亲密关系重于金钱

1. 家长需要让孩子感受到爱，让他们知道，无论他们表现如何，只要他们努力就好，父母们会一直爱着他们，因为他们是独一无二的。

2. 在孩子与兄弟姐妹的关系当中，要让他们之间形成和睦的相处方式，而不是用竞争来激发他们更好的表现，让他们在亲情中更多感受到温暖与支持。

3. 鼓励孩子去发展友情，在他们交友的过程中，可以给他们一些建议，让他们试着去选择最适合自己的朋友关系，在友情中去感受适合自己的相处方式和交友原则。

4. 在适当的年纪，如进入青春期之后，父母可以与孩子交流什么样的异性朋友值得相处，也可以通过分享自己的故事来与孩子更好地彼此理解，学会识别和判断人。

5. 对亲密关系了解之后，孩子们会更加感受到自己的独特，会更加感受到生命与他人之间建立的联系，而他们也会更加懂得自己的独一无二与可贵，珍惜自己的健康与信用，健康是他们的生物资产，而信用是他们的社会资产。这些资产都是因为珍惜自己，而变得重要。

二、重视奋斗中的意义感与过程中的成就感

米哈里·契克森米哈赖认为："幸福并非瞬间发生；它与运气或概率无关，用钱买不到，也不能仗恃权势巧取豪夺；它不受外在事物的操纵，而是取决于我们对外界事物的阐释。"实际上，幸福要靠个人的修持，事先充分准备、刻意培养与维护。只有学会掌控心灵的人，才能决定自己的生活品质；具备了这种能力，也就相当于接近幸福的境界了。幸福并不是存心去找就能找到的。哲学家密尔说："自问是否幸福，幸福的感觉就荡然无存了。"只有在不计较好坏、全身心投入生活的每一个细节时，才会觉得幸福，直接去找反而不会奏效。奥地利心理学家维克多·弗兰克在《活出意义来》一书的序言里说得好："不要以成功为目标——你越是对它念念不忘，就越有可能错过它。因为成功如同幸福，不是追求就能得到；它必须因缘际会……是一个人全心全意投入并把自己置之度外时，意外获得的。"

通过这些研究论述，我们会发现，幸福是需要一种不计结果的全身心投入与感受，是一个过程而非最终的结果。因而，面对孩子们的教育，我们也需要鼓励他们的过程导向，因为幸福的获取在于奋斗过程中的全情投入，是对于自己所珍爱之事的毫无保留，不畏惧伤害。

三、重视观念更新

不同时代面对消费会有不同的观念，在经济狂飙增长的时

代，超前消费被提倡，而当经济增速放缓的时代，人们面对消费会有更多深层次的思考。

中国社会现在处于一种消费转型期，人们从超前消费中有必要停下脚步，放慢脚步，转向更加能够提高幸福感的消费方式。在这个过程中，父母也可以和孩子一起学习，和他们一起更新自己的消费理念。

就像我从前完全不知道"密室大逃脱"是什么，可是航航现在十一岁了，和同学们一起去玩了一场，感觉非常好。渐渐地，我也产生了兴趣，决心和家人们一起去体验一场密室大逃脱。

这样的一种消费方式和消费内容的更新，可以为家庭创造一种新的消费体验，也可以让我们的感受力更加多样化。

另外，我也借这个机会告诉她，我有一个学生现在仍然在经营重庆最大的桌游吧，还有很多的学生在从事以前我们没有想象过的工作，比如经营美食烘焙的甜品店，比如从事公益志愿者的服务。

这些多样化的经历，也可以让家庭体验并感受到时代的变化，然后真正地洞察到未来环境变化的趋势，在每个时间节点作出优化的选择。

第四章 —— 乐观独立

如果我们把目光投向周围，会看到越来越多的啃老族出现。这样的啃老族依赖父母的工资，常常无法独立生活。当然，这其中有很多原因，童年的教育也会影响到孩子们关于独立的观念。

独立是一种珍贵的禀赋，在我看来，它就是一个人无论在任何情况下，在精神上和行为上，都可以大胆信任自己，去作出决定和实施计划的能力。在今天的社会环境中，无论男孩还是女孩，我们都希望他们是独立的，他们能够为自己负责，过自己想要的人生。

她是一位全职妈妈，虽然是研究生毕业，但由于种种原因，她选择在家中相夫教子。小时候，家里就对她说："女人最重要的还是要找个好老公，还是要回归家庭。"

丈夫收入很高，她没有经济的顾虑，两个儿子很乖，她和公公、婆婆生活在一起，他们也可以帮一些忙。

刚开始还好，但是她渐渐地发现，公公婆婆对他们的生活介入得太多了，从经济到日常生活，最严重的是对孩子的教育，他们的理念和她的很不相符，而且还不愿意和她沟通。

她在家庭生活中感觉到窒息，感觉再这样下去，她不知道这是她的家还是他们的家了，她想要有一些改变。

　　"我想搬出去。"她对丈夫说，"我想有自己的生活，有自己的小家。"

　　那一刻，丈夫冷冷地看了她一眼，拒绝了她："你非要逼我在你和父母之间选择吗？如果我说我选父母呢？"

　　她呆住了，她没有想到丈夫会这样，也就在这个时候，她才突然意识到，如果她真的离开了丈夫，不知道要如何重新开启自己的职业生活，不知道要如何养活自己。

　　于是她妥协了，更多的是听从老人的安排。同时她意识到，原来经济并不独立的自己，并没有多少选择权。

　　2021 年 3 月，有一位妈妈带着两个孩子从二十四楼跳下。在复盘整个事件时，有这样一个细节——她在家中基本上没有任何经济自主权，孩子有时想吃零食了，她就向身边的人借个十几块钱，然后有钱了再还上。

　　时代在变化，女性地位在提高，但我们看到的无论身边的故事，还是网络新闻，女性在家庭中的经济是否自由，仍然影响着这个群体的生活质量，这种变化在流行文化中也有反映。

　　迪士尼动画片中的公主角色，和之前相比都有了很大的变化。从前的《睡美人》变成了现在的《沉睡魔咒》，而拯救公主的，也从王子变成了她的教母。《冰雪奇缘》中的那两位公主，最后过上幸福的生活，也是因为她们自身变得越来越强大。

未来，我希望我的孩子们早早发现自己的独特之处，并且拥有自由获取和支配金钱的能力，她们就可以拥有更多选择，不一定朝九晚五，而是可以选择拥有一种更加有弹性的生活状态。其中，最重要的一种能力，就是能坦然面对自己内心的恐惧与不确定。也就是说，她们要想成为公主，必要先做自己的骑士，而她们手中的长矛就是对于金钱的创造和驾驭能力。而这一点，对男孩子来说，也是一样的。无论男性还是女性，在社会生活中都需要独立生存的能力，这其中，包括经济独立。

只有经济独立，孩子们才能够更好地去选择以什么样的方式生活，所以，金钱在某种程度上也意味着选择的自由。

　　一所中学里大家在举行创意市集，让同学们提供自己认为有市场的产品。

　　很多同学带来的都是二手图书等用品，这让小汪思考起来："大家都带一样的产品，难道就没有别的产品是独我一家的吗？"

　　他想要做一个最特别的产品。

　　小汪的班主任是一个非常幽默的人，经常有很多金句，小汪班上的同学都特别喜欢他的这些金句。于是，小汪灵机一动，将班主任说过的很多有趣的话都整理好，并且进行了精美的排版设计，定价十元一份，这被称为《老班名言》。

　　这个产品拿到市集上非常受欢迎，不光是小汪班上的同学喜欢，其他班上的同学也纷纷抢购。小汪的创意产品受到了大家的追捧，一下子卖出了几百块钱。

　　　　小汪从这样的尝试中受到了鼓励，而且他发现，在现在的市场上，有创意、能满足大家需求的产品才能得到大家的欢迎，原来挣钱可以是一件很愉快的事。而且，在寻找这个创意产品的过程中，他还发现了自己有很多的好点子，还可以很好地把它们执行出来，小汪更加自信了。

　　如果仔细看看我们周围世界发生的变化，会看到许多的新的职业在兴起，如电竞主播、网络音乐制作人、美食主播、动漫周边手艺人……这些全新的职业，其实代表着未来的职业发展的特点，会有越来越多的人是依靠做自己喜欢而擅长的事养活自己的，孩子们将来从事的职业有很多可能是我们闻所未闻的，所以，家长们要鼓励孩子去发展和了解自己，相信可以通过做自己喜欢的事而获得财富。而孩子们的创意，也是通过创造现在不曾有的产品而体现出来。

一、做自己的财神爷

　　航航在银行里和我一起探讨究竟选择基金还是定期，她选的是定期，我用棒棒糖做比喻，又给她解释了一遍。

　　"基金呢，是十根糖果，过了五年，有可能会变成十五根，有可能会变成五根；而定期呢，是肯定会有十根，而且银行作为感谢，还会再给你一些。"

"我要基金。"航航不满地说。

"可是基金像是打牌一样，有可能会打输的。"

"但是，有人说过，无论什么时候，打输了也好，要保持微笑。"航航很积极地说。

我和她聊到了各种各样的挣钱方式。

"妈妈第一次挣钱是在小时候，去捡牙膏皮还有铁皮、还有骨头卖，那时候很多东西都可以卖钱，像纸啊、水瓶啊，还有开的栀子花、黄桷兰都可以卖钱。爸爸家里就有一株这样的大树，可以卖来钱的。

"挣钱的方式有很多种：唱歌可以挣钱，跳舞可以挣钱，画画可以挣钱，写字可以挣钱，就像妈妈这样。当然了，我们每个人来到这个世界上，都会有适合我们的职业，养活我们，这就叫作'天生我材必有用'。但是我想要的是，航航能够通过做自己喜欢的事情挣到钱，就像妈妈是通过教书、是通过写小说——这些喜欢的事情挣到钱的。

"挣钱是一件让人快乐的事情。我读初中的时候，得到了第一笔稿费，给外公买了剃须刀，给外婆买了洗面奶，他们用了很久。"

航航一边吃饭，一边听我讲着。

过了好一会儿，我突然问她："航航，你想要用什么样的方式挣钱呢？"

她想了想回答我说："我喜欢听故事，我喜欢跳舞。"

"想过开一个农家乐挣钱吗？"

"不想，我想要传播文化。"航航说道。

孩子们早早地思考自己未来想做什么，还是职业生涯教育的早期。尽管这样的梦想是会改变的，但它会一直生长，一直发展。

同时，孩子还需要建立对社会发展趋势的洞察力和想象力。

当顺着风去拍气球的时候，气球会很有力量，小小的力气就可以达到目标，可是，逆着风向的时候，气球总会调皮地逃到你的目标之外去。

掌握时代趋势的发展，会让选择更加有远见。我曾经听过一个故事，讲在二十世纪八十年代时，两个小镇家庭面临着孩子职业的选择：一个是去邮局，一个是去铺设电话线。当时，邮局是一个非常吃香的部门，其中一个家庭当然选择了去邮局。另一个家庭中的爸爸认为，学会一门技术，当然在哪里都有饭吃，所以就让孩子去学铺设电话线。后来，铺设电话线的部门并入了电信集团，而那个孩子有技术，很快成为这一行业的优秀员工，生活蒸蒸日上。而另一个去了邮局的孩子，面对的就是另外一种情况了。这就是看到趋势后的远见，它决定了未来孩子们选择的是什么样的赛道。

所谓的趋势是社会前进的走向，社会趋势意味着未来资源的流向，如果人们能够把握住这一趋势，就可以得到更多机会。

有时候，趋势会是一股大潮中的暗流，它细微，不易被人发现，但是它将会越来越壮大。而大众的喧嚣会让趋势被忽视，人们常常趋向于追求短期的效益，而忽视了长远的变化。在这个时候，智慧的人会保持自己思想及行为上的独立性，作出和别人不一样的选择。而当这种趋势慢慢兴起，直到成为大潮的时候，又会有微妙的变化发生，会有新的变化趋势出来，新的将替代旧的，一切处于循环之中。

未来适合孩子们的行业究竟在哪里？会不会未来的职业是我们闻所未闻、见所未见的？

那么，如何让孩子们拥有把握趋势的大智慧呢？

第一，鼓励孩子们了解历史。

人类历史的每一个时代，向另外一个时代的过渡，中间必然会造就一批人的机遇，而不适应的人则会落后。工业时代带来法国艺术界的更新，崇尚光影与速度感的印象派开始崛起，他们适应了中产阶级的审美，满足了他们对艺术品的装饰需求，成为当时的趋势。而在当时主流的学院派，并没有意识到这一点，印象派画家总是落选于美术大赛，但是，他们终究还是成为艺术史上最有影响力的一批画家。

技术、社会环境，还有不同的社会阶层的兴起，都将带来新的机遇，如果能够充分了解历史，就如同能够站在俯瞰大江大海的高山之上，能够更好地观察到未来环境的变化。

让孩子了解历史有很多办法，除了课本之外，阅读也是其中一种。

洲洲很爱美，我给她买了一本《爱美之书》，里面有关于时尚的演化史，从古代埃及一直讲到今天，从孩子们喜欢的那个点切入，历史也可以变得很有趣。再大一点，还可以看看《希利尔讲世界史》《希利尔讲世界地理》，这些书以儿童喜欢的方式来讲述地理和历史，是让孩子了解历史的一种方式。

第二，鼓励孩子亲身体验而获取趋势的经验。

那些在股市中经历过大风大浪的股民，会接受最初的趋势教育。每一次的商机，都是由一条条信息的河流所拼接而成的图像，孩子们如果能够早些参与体验，对这些信息的河流就会有更早的拼接能力。所以我说，对每一个孩子而言，尽早地尝试，哪怕失败，这种体验都是非常宝贵的。

在我教过的学生当中，有一位 B，在他十六岁的时候，完成了自己第一次失败的创业，他赔了七千多元钱。在我看来，这对他来说，是一次非常重要的体验，他会因此拥有更强的信息拼接和分析能力。

无论男孩还是女孩，都应该有一种信念——做自己的财神爷。看到金钱的价值，幸福而快乐，同时与金钱的关系是和谐而流动着的，他们能够懂得合理使用金钱，让自己能够在未来创造出更多的价值。

凭借天赋和喜爱，享受激情地创造金钱，然后享受金钱。做幸福快乐的财神爷多好！

二、通过做自己喜欢的事情挣钱

有一天，航航在我们收拾东西的时候，发现了一个蓝色小钱包。她是那么开心，激动得马上抱在了自己的怀里，叫起来："我的小钱包！"

她打开一看，里面居然还有不少十块、五十块的钱，原来这是航航一直存着的钱，只不过后来她忘记放在哪里了。

航航非常喜欢，一直紧紧地抱着这个钱包，甚至晚上睡觉的时候也紧紧地抱着，时不时还把里面的钱拿出来数数。

她一遍一遍地数着，并且问我："妈妈，之前我在银行办的那张卡呢？"

我顺手给了她一张绘本馆的阅读卡，她收了进去，然后抬起头问我："我的银行卡呢？"

我找了半天，然后递给她卡，并且郑重其事地告诉她："注意喔，这上面有一张蓝色和红色的标志，那是银联的标志，表示在任何一个银行都可以用的。"

我同时建议航航可以开始记一下账，然后再写一下未来的开支计划。

她有一个小小的本子，她在我的指导下在上面记下日期，还郑重地写了一个阿拉伯数字：4。

"上次，我招待妹妹坐了摇摇车的，我们一共花了四块钱……"

"你想通过什么样的方式去挣钱啊？"我随意地问道。

航航很高兴地笑了："我要存到银行里去，让钱变得越来越多，然后变成十根棒棒糖！"

我有一些吃惊，半年前海莉讲的话，她还一直记着。

"或者爸爸妈妈去银行取钱，就有很多钱了！"

"孩子，钱不是从银行取来的，爸爸妈妈要工作才能够挣钱。你知道妈妈做什么工作吗？妈妈是老师，妈妈要认真地备课，认真地讲课，才能够得到工资。爸爸是做地下管线的，爸爸也要很辛苦地在外面做现场考察，才能够挣到钱。所以说，我们通过工作可以挣到钱！

"当然了，大多数的人，都希望自己可以找到最适合自己的事情，做喜欢的事情可以挣到钱。像妈妈喜欢写小说，然后又有读者看，所以妈妈也可以通过做自己喜欢的事情挣钱。

"还有上次你见过的谢阿姨，她自己开公司，创业，自己也可以挣钱！当然了，她也要学会评估风险……

"总之呢，我们每个人都有自己最适合的事情，如果一件事情是我们可以做好，并且我们又很喜欢的，我们可以把它做到极致，那么我们就可以依靠自己的才能挣到钱了。但是这个世界上，有的人很幸运很早就找到了，可是有的人却要付出很长很长的时间才能够找到。航航和洲洲，你们要认真学习，仔细发现自己的才能所在，然后就能够挣钱养活自己了。

"可是，挣钱并不是唯一的目标，我们的生活中，也有很多事情，是因为爱和喜欢才做的。就像外公外婆帮着带你们。总之呢，'天生我材必有用'，通俗地说，就是上天安排我们来到这个世界上，一定有我们可以去完成得很好的事情，我们要做的就是去找到这些我们可以做得很好的事情！"

第二天一早起来，航航把钱数了又数，然后突然又跑来找我："妈妈，我想要挣钱……我们去摆摊卖书吧。"

"可是今天晚上回来的话，太晚了，不如去卖废旧报纸？"我试探地说道。

"我想摆摊啊！"

"好吧，那就约海莉阿姨，一起去跳蚤市场摆摊吧！"

"好！"航航很高兴。

我的孩子今年十二岁了，到现在，她也总是变换着自己将来的人生目标和理想，但我相信，从童年开始，我们一起讨论的话题，会让她在将来的生活中去体验并思考自己的选择。

她会认为工作是有趣的，可以从中发现好玩的事，甚至还可以把自己喜欢的事变为赚钱的事，这是一点一滴，我们共同去探讨和体验的发现。就像我在她们面前所分享的关于写作、关于教书的点点滴滴，这些都在和孩子一起思考——未来，我们可以做什么有趣的事呢？

三、孩子进入大学后，还有目标吗？

创意财商的进一步发展，就是清醒地认识自己，喜欢做什么，擅长做什么，并且可以同时养活自己，这就是最初的生涯教育。

如果我们仅仅告诉孩子，你努力读书，考上好大学，生活就有希望，那一定是不够的。在未来，职业一定会发生很大的变化。在我们的父辈，他们的工作仅仅就是养活自己和家人的一种手段。

很多孩子，到了要大学毕业的时候，仍然不知道自己想要做的职业是什么。我们的教育，是不是在一开始就应该引入一种自主意识呢？让孩子们知道，他们需要什么，想要选择什么样的生活方式，而这背后，都需要自主决策。

自我决定论创始人之一、著名社会心理学家爱德华·L.德西在《内在动机：自主掌控人生的力量》一书中谈道："环境也的确可能破坏人们的内在动机，让他们甚至还没有意识到这一点就被动顺从。但是，出于同样的原因，人们可以改变这一切，可以开始更加自主地行动，可以弄清楚自己需要什么，并且可以开始对世界采取行动来获得自己需要的东西。人们与其坐等世界给他们想要的东西，不如更主动地为自己做事。人们可以通过更加自主的行为掌控交互过程。他们可以从社会环境中获得越来越多对自主的支持。"

我们在陪伴孩子成长的过程中，也需要陪伴孩子们去独立思考，让他们清楚自己的需要，对世界采取行动获得自己所需。而这才是独立的意义。

有个孩子在小升初的预考中，与心仪的学校失之交臂，可是他去过那所学校之后，反而更加坚定了自己的目标：要努力考入那所学校。

经过努力，孩子在小升初考试中考上了那所学校。孩子想要成为飞行员，在这个梦想的指导下，他了解了关于飞行员的一切，掌握了很多信息，在其他几所学校的面试中，他都表现很出色。

孩子心仪的学校离家很远，其他录取他的学校离家很近，这个时候，家长应怎么选呢？

其实在一次次地做选择的时候，家长也一直在和孩子共同成长——真正鼓励孩子独立，意味着倾听他们的心声，同时陪伴他们做决策，选择真正适合自己的道路。而我相信，越是能够参与到人生关键重要决策的孩子，越能够为自己的人生负责。

面对金钱，要自信和乐观 ◄

　　这对情侣有着不同的金钱观念。男生因为家里条件不太好，所以一直都很努力，他在校期间靠打工和奖学金养活自己，面对金钱，他总显得不太自信。

　　女生家里其实也很清贫，但是父母总是自己背负着压力，让她在清贫的生活当中也获得了很多的安全感。大学期间，当男生辛苦打工赚钱的时候，女生开始写小说，一开始只是写着玩儿的，她试着投稿，并轻松地发表了。在那之后，女孩开始收到很多稿费，她就这样玩儿似的挣到了生活费。男生很为她高兴，但同时也有些泄气。

　　"总觉得你好像很轻松就能挣到钱，我就比较辛苦。"他说。

　　"我觉得有钱的话当然很好，没有多少钱也没有关系，我反正相信自己是饿不死的啊。"女孩说，"而且，我也很喜欢你身上的踏实与勤劳啊。"

男生感受着女生的轻松，他知道这中间有着不同性别的社会期待的原因，但是他更多羡慕的是女生轻松的状态，那种走到哪里都相信自己能生存得很好，而且金钱运也很好的状态。

一开始，他们之间面对金钱的观念有很多的冲突，可是在相处之中，慢慢地，男孩学习着女孩的放松与安全感，他不再那么纠结于金钱，而女孩也从男孩的朴素当中感受到了踏实，他们之间的金钱观念在相互影响。

有人说，我们与金钱的关系，其实体现着我们与父母的关系。我们老家形容一个人爱财如命，叫作"恨钱"，这种爱恨交织与金钱的关系，是纠葛的；而那种水到渠成、总有财星高照的感觉让人羡慕，这种良好的关系还是来自家庭所传递的对于金钱的感受，也是对于社会资源分配的感受。

如果父母能够意识到这一点，更多地强调金钱关系中正向的那一面，孩子们就会受到这种观念的影响。

航航喜欢画画，我就鼓励她去画一个属于自己的绘本，然后去投稿。然后我告诉她说："这个世界上有一群人是幸运的，因为他们可以做自己喜欢的事情，把它做到最好，然后再从中赚到钱，你想不想做这样的人呢？"

航航用了足足一年的时间去学画，然后断断续续地画了一个简单的绘本，叫作《小蜗牛赛跑记》，我一页一页地给她扫描，然后再让她来讲故事，我来记录，投到了幼儿杂志社。我知道航航画得并不是很完整，有好几页甚至都没有涂色，但是我还是非常珍惜航航这点滴的努力。通过这样的尝试，我想让她知道，每一件自己喜欢的事情若能够做好，能够做到极致，就自然而然是可以带来收入的。

后来我还给航航偷偷投稿参加了创意拼贴画大赛，到目前为止也没有什么回音，但我还是觉得自己这样做很有意义——在孩子发展的初期，在哪些方面得到了来自社会的认同，都会进一步强化他们在这方面认同自己的能力。

做自己喜欢的事情，做到最好，然后从中赚到钱，这话听起来那么简单，但并不是每个人都能够如此幸运，也许是因为大家早就认同，赚钱是辛苦的，而并没有真正相信自己与财富的关系可以是和谐与顺畅的。

如何获取金钱，也需要想象力。

有一段时间，我前文讲到的那个周末做"力哥"的男生被媒体报道，引起了很激烈的讨论。一方面是大多数人都佩服他的勇气，但是另一方面，又有很多人提出疑问，作为大学生为什么不选择更好的兼职？

我们生长的环境，的确在很大程度上决定了我们的视野，还有我们所能够想象的世界。这个男孩心中对于家人的负疚感与责任感，限制了他的想象力，在与财富的关系上，周围的环境没有办法给他一种正面的想象，意识到创造财富还有另外一种可能性。

　　但他身上有最宝贵的特质：不肯认输，坚持到底。这些特质让他能够抓住机会。这位男生毕业后，成为了一名优秀的小学教师，我相信他的学生应该都会很喜欢他的。

　　而我，总是告诉我的学生们，当你们足够优秀，积累也足够的时候，你们是可以通过做喜欢的事情养活自己的。如果那天还没有到来，那么只靠自己的双手养活自己，也没有什么可丢脸的。

　　洲洲三岁多时，睡觉之前，我给她读了一则小小的新闻。美国有一个四岁的小女孩儿，平时总是喜欢剪各种各样的材料，后来她的妈妈发现，小女孩儿用这些剪坏的材料拼接出一套套衣服。于是她把孩子的作品上传到了网站，没有想到却受到了大家的欢迎，孩子创立了一个自己的品牌。

　　我在这里给她讲这个故事，因为我感觉到洲洲是一个爱美和爱创造的女孩，她和姐姐追求卓越不同，必然要寻找另外一条适合她的道路。

　　我希望她通过这样的新闻，相信只要得到足够的土壤，小孩子自己喜欢做的事情，也可以变成一件影响大人的事情。

　　让孩子早早知道，每个人都可以找到自己真心喜欢和想做的事，他们就会带着这个问题在日常生活中去思考。

　　有一部美国电影讲述一个小学男孩的创业故事。在学校里，老师询问他们的创业梦想，他受这个作业的激励，决定开创一个自己的玩具公司，击败自己的爸爸，让爸爸有时间多陪陪自己。

　　虽然是一部电影，但是我们可以看到孩子在整个过程中，其实有着大人们无法想象的创造力和实践力。但重要的是——谁来扮演那个提出作业的人呢？是学校、家长还是老师？我想，家长们更了解孩子，也更有时间与精力陪伴孩子去思考——究竟我能够给这世界提供一些什么不一样的产品？

后来，我发现洲洲总是喜欢拿着各种各样的材料玩儿。那个时候，痴心的妈妈就又会想，也许洲洲也想成为一名服装设计师吧？于是，我从图书馆给她借来了《世界最顶尖服装设计师》，这本书图文并茂地讲到了那些顶级品牌的设计师，以及他们的设计风格和发展道路。

视野和想象力既是家庭作用的结果，也是很多偶然性因素协同作用的结果，如果家庭有意识地创造孩子接触更多商业环境的机会，会有效提高孩子的财商视野和想象力。

第三节
▶ **挣钱很快乐**

我的学生毕业后，过着越来越不一样的生活。

有一位男生，他在读书的时候很喜欢桌游，毕业之后开了城市里最大的一家桌游吧，而且业务发展得很好，业务也跟着潮流更新，听说不久前买了花园洋房。

有一位女生，毕业后先是在一家书店工作，后来在微信上开了自己的烘焙小店，每天都能够收到很多订单。她喜欢做烘焙，也过着很惬意的生活。

还有一个学生，毕业后放弃去公司上班，而是选择去做网络英语教育，她在校期间获得的收益就已经很高，可以过上她需要的生活。而疫情期间，她发展出来的在线教育技能让她的业务更多了。

从这些学生的发展中我看到，未来的职业生涯教育其实是有很多可能的，而用商业化的思路去发展自己的创意产品，考虑能够提供什么给社会，其实是孩子们很需要的。

这些教育来自潜移默化，也来自父母带着他们经历和感受到的商业社会的原则。父母可以带着孩子们从最基础的活动开始，比如练摊，比如开发一些独一无二的创意产品。

我小时候就有过摆摊的梦想。小学一年级，我和小伙伴一起在路边卖偷偷采来的青葡萄，以被发现失败告终；高二那年，我和同学一起合伙去卖冰粉，最后赚到的除去成本，就剩下两张草编垫子；高中毕业，我骑着自行车去卖报纸，一个星期赚到的是三个冰淇淋的钱，我请同行的小伙伴一起分着吃了。

在孩子还小的时候，我带着孩子们一起去了商家组织的大型市集。我和孩子们从朝天门进了货，有动物园气球，还有心形气球，以及一堆贴纸。

把东西摆上，孩子们刚刚到，还没有找到感觉，在那里坐着有些扭捏。

我吹好了一个动物气球，交给洲洲："你们负责去玩气球，吸引顾客。"

孩子们很快认领了这个任务，洲洲开心地抛着气球，航航也跟着在一边去接气球。

我把心形气球也吹起来，大声地吆喝着："来看看吧，心形气球，送给你们最喜欢的人，还可以在上面写上喜欢的人的名字。"

其实现场已经有免费的气球在送了，孩子们人手一个，但是孩子们对我们的气球还是很感兴趣，我想那是因为航航和洲洲玩得很开心的缘故。

左边有一个妈妈带着儿子来摆摊，他们卖的是圆珠笔，生意不是太好，孩子也没有吆喝，妈妈一边在玩手机，一边在唠叨他："我还是贴了本钱来陪你摆摊的，不想摆了就自己回去吧！自己还想要买玩具，挣了钱自己买！"

孩子过了不久就想要收东西回家了。我也不知道这位妈妈是想让孩子喜欢市集，还是从此讨厌市集，毕竟，这只是游戏，不是生意。

我们的气球渐渐卖到很好，洲洲想要一个右边摊位的旧玩具，她想和姐姐交换，我知道家中已经有很多旧玩具了，但是我不想打击洲洲。洲洲终于换到了一个她喜欢的魔仙棒，很开心地拿在手里。

然后，她们又用气球和贴画去换了四个发夹。说实话，夹子的标价比我们气球的标价高多了，但是那两个小姐妹并不在意，她们只是喜欢。孩子们玩得很开心，她们东看看西看看，也许她们并没有吆喝什么，但是洲洲很认真地在帮着把东西摆好，航航负责快乐地展示产品，我想孩子们首先是观摩，然后才是去实施，家长不用太急切。

总共卖了八十二元钱。孩子们在市集上吃了棒棒糖、棉花糖，还换到了自己喜欢的玩具和发卡。我也喜欢这样的感觉，希望让她们知道，赚钱的游戏，是可以玩得很开心，而不需要感觉沉重的。

孩子们把钱装进铁盒子里，快乐地瓜分掉。其实，在市集中，我自己也玩得很开心，我要谢谢孩子们，带给我一次重回童年的机会。

其实很多时候，家长会告诉孩子："知道吗？挣钱很不容易，你看我上班多辛苦啊。"家长的初衷是好的，想让孩子学会感恩，知道生活不易。但是我的观念恰恰相反，我觉得让孩子感恩，让孩子懂得生活，就是要让她们相信，活下去是一件很轻松的事情，可以做自己喜欢的事情而挣到钱。

我上班的地方离家很远，经常要早上六点多钟就出门，有时候孩子醒来了，要追我。我就告诉她们："妈妈很喜欢上班，妈妈喜欢工作的感觉，也喜欢给同学们上课。你们也想让妈妈开心对吗？"

虽然回家后常常感觉很累，但是在孩子面前我还是保持自己积极向上的一面，想让她们感觉到工作的价值和快乐。

孩子们可以先通过模仿，再形成自己的习惯，也就是说，最好的影响她们的方式，就是成为我希望孩子成为的那种状态——那就是做自己喜欢的事情，再从中赚到钱，同时不忘记享受生活。

这种信念有时候必须要通过行为来示范，而不是通过语言来施压。在我看来，最好玩的学习方式是和孩子们一起练摊。

我和两个孩子练摊的经历分为三个阶段。

第一个阶段，是我们和另外的一两个家庭相约到周末的步行街去，一起去卖自己的旧东西，让孩子们学着摆摊，学会向别人介绍自己的东西。那个时候，航航才不过三岁左右，洲洲也才刚刚能够走路。刚开始的时候，航航有些害羞，她不好意思大声吆喝，但是会默默地把所有的东西摆好，希望能够有好的销售。那个时期，最多一次只能卖出两三件旧物，孩子们最主要的是体验过程。

第二个阶段，航航五岁，洲洲两岁多，我们和朋友一起去朝天门发货，买了气球、贴画等孩子们喜欢的物品，然后又一起去参加一些商业机构组织的市集。在市集上，会有大量的小摊，这个时候我发现了规模经济带来的便利——在那些愿意参与交换的家庭中，孩子们拥有了自由支配和销售的权利，有的孩子卖了自己的旧玩具，可以去买气球和糖果，有的孩子用自己的闲置物品，去和大家交换自己想要的东西。洲洲就用贴画换到了自己最想要的魔仙棒。这个阶段让我体验到，孩子的成长其实应该放到大到整个社会、小到整个社区的环境中来，当整个大环境的观念发生了积极的变化，那么对孩子来说就会有一种更大的成长推动效应。

第三个阶段，是我开始想要把这种儿童跳蚤市场的观念落地到自己所在的小区，让它变成一种常态化的活动。

小区里面有很多孩子，有的认识，有的不认识，但是通过这种周末的儿童跳蚤市场，我们可以让孩子了解资源流动的观念——自己不再需要的东西，也许对别人来说是非常有价值的。在整个过程中，孩子们可以学会自己定价、自己介绍产品、自己去完成交易，也会学着思考，到底什么才是最好销售的产品。

当然了，其实推动我第一次去组织小区跳蚤市场的动力，是因为家里养的蚕宝宝终于结茧了，我和孩子们想要把这些蚕茧卖给小朋友们。

这三个阶段的变化，代表着我自己的创意财商的提高过程。当我忙碌着给一个个妈妈打电话，见到家长就向他们介绍"儿童跳蚤市场"活动的时候，我感觉到自己非常快乐，这样的活动不只会带给我的孩子成长，也会推动更多家庭中的孩子学会创意财商。

其实，参与这些活动中，最大的收获是来自让孩子们感觉到游戏的快乐、赚钱的快乐，同时，也慢慢地在引导她们思考究竟什么才是现在受欢迎的产品？

这样的活动会让孩子们拥有更多的创意，并且在与金钱的相处中更加坦然。

▶ 如何培养乐观积极的孩子

我有一个乐观的同学叫英子。直到今天，关于她的乐观，我都记着一个个难忘的细节。有一次我们一起去散步，回去的路上，路灯亮了，英子高兴地叫起来说："天啊，我的运气真好！只要我在这里，灯就会亮了！"回去坐电梯，我们刚走到电梯前，然后电梯门开了，英子叫道："天哪！真幸运！果然是因为我的好运气啊！"

那个时候，我充满羡慕地看着面前的英子，我佩服英子的，是她那毫无理由的乐观，还有她总是那么开朗的状态。

不过，"我真是幸运儿"像是一个预言，英子的运气真的一向蛮好的，她在职场中势如破竹，升任所在公司的总经理，而且深得领导赏识。她的财运也很好，赶在北京房价大涨前买了房。

她在商场里买了些小东西，过会儿商场就广播说她中了一个苹果手机。

英子的幸运仿佛来自她骨子里面的自信、她的笃定，而这种笃定会带来更多的好运、更多的自信。

在马丁·塞利格曼等所著的《教出乐观的孩子——让孩子受用一生的幸福宝典》中，阐释了关于乐观的认知方法。

乐观的第一个技能是"捕捉思维"，指的是捕捉自己在内心中闪过的想法和观点；第二个技能是对这些思维进行评估，知道它们未必是正确的；第三个技能是在坏事情发生时找出"更正确的解释"来挑战自己的自动思维；第四个技能是化解灾难性的思维。这就是乐观的中心认知技能。

而这样的乐观也是来自一次次的习得。当乐观与金钱结合在一起，会有什么样的效果呢？

就拿我来说，我发现自己从来没有为钱苦恼过，即使是在大学时期，生活费告罄的情况下，我也总是很乐观地相信自己会收到下一笔稿费，这种乐观让我与金钱的关系是相互包容的。那时候，室友们评价我——"你就是那种给你一碗泡面、一堆漫画，就可以生活得很乐呵的人。"

乐观也并不仅仅是带来让人走过各个阶段的勇气，对金钱的乐观态度的确影响着现实中我的金钱运。我可以通过写作来获取版税，也有一份自己喜欢的工作，我觉得这些劳动可以带给我经济回报，也可以带给我成就感，所以我一直很满足。

方法可以包括如下三点：

一、给孩子内心积极的种子

"为你求签的时候，都会是上上签。你在读书的时候，总是遇上好老师，你在工作的时候，也会遇见帮助你的人。"

妈妈朴实的信念，直到今天我长大之后，才体会到其中的良苦用心。其实我在内心，一直觉得自己大体上是个幸运的孩子，是命运的宠儿。这并不是说，我从来没有遇到过失败，我从来没有遇到过前进道路上的阻力，或者说，我所遇见的，一直都是帮助我的力量。

不，也有风有雨。但是妈妈朴实的话，给了我一个信念——我应该对生命多一些感恩的态度，我应该相信自己，有理由配得上生命的馈赠。

这样的信念非常重要，不管遇到多大的困难，我总是想起妈妈对我说过的这些话，我相信自己是最幸运的孩子。

当我开始关注孩子的教育，我这才真正意识到，那种骨子里的乐观，绝对是父母在自己心中播下的种子，现在，我羡慕的对象已经不再是英子，而是她的父母——他们在一个小小孩子心中，播下了积极乐观的种子；因为这颗积极乐观的种子，孩子们愿意去相信，愿意去奋斗。

当你越是怀着积极的信念，很神奇，全世界都会帮助你实现自我的预言。我也开始越来越感激我的妈妈，感激她在小小的我心中播下的种子。

　　直到今天，我带着孩子们去公园里转糖画——这是四川地区的一种儿童的游戏，小孩子们在一个罗盘上旋转指针，转到什么，就能够得到一个什么动物的糖画。其中，以龙、凤还有鲤鱼为最好。

　　航航轻轻一转，转到了一个凤凰，我们都高兴地为她欢呼。过了一会儿，洲洲转到了一个鲤鱼，我们也高兴地鼓掌起来，真棒啊！我的孩子们。

　　"妈妈，为什么我的运气总是这么好呢？"航航问我。

　　"因为你们是上天的宠儿啊！知道吗？妈妈有了你们之后，一直都很幸运，而你们呢，也一直都有最好的运气，知道吗？你和妹妹的英文名字合起来的话，就是幸运星！幸运星会一直照耀着你们！

　　"而且，洲洲，你也好厉害！你转到了一个鲤鱼，鲤鱼只要努力，就能跳龙门，成为真正的龙！"

　　孩子们开心地吃着糖做的凤凰和鲤鱼。过了一会儿，航航又像以前习惯地问我："妈妈，为什么我们这么幸运呢？"

　　那个时候，想着妈妈从小对我的鼓励，我很欣然地想，终于，这次要轮到我在孩子们心中播下积极信念的种子。

　　我相信，很多能够达到生活和事业平衡状态的人，他们内心，一定是有着一个"我配得上如此"的信念，而这样的信念，应该说是一个起点，指引他们朝着某个方向努力。

　　如果一件事，连你都不相信自己能够完成，你又如何能够获得更多人的支持呢？

　　这还不同于单纯的自信，自信应该更多是基于一种对自我能力的把握和确认：这种积极信念，甚至能够在情况不明朗时也自信满满。"我配得上""我能够得到""我是幸运的"等这样一些积极信念，让我们更笃定，去面对不确定性。

有两个人要结伴去旅行，其中一个人，他必须要做好所有的规划，确保万无一失才出发；另外一个，他就是没有来由地自信，相信上天一定会有好的安排。这两个人，哪一个人会更加适合作为团队的领导者？

如果让我来选，我会选后者，然后让前者做他的助手，因为后者才能够对过程中所有一切的不确定放心与放手，他才能够真正地激励整个团队，哪怕是在面对危机与困难的时候。那种没有来由的自信，是真正的宝贵的天赋。而确保万无一失的那位，会是他的重要搭档，确保他们路线的良好执行。

二、尊敬金钱和劳动

要让孩子们学会尊敬金钱，哪怕只是小小的一枚硬币。

有一次，在路上，不到两岁的洲洲发现了一个一毛钱的硬币。洲洲爱不释手，东玩玩，西玩玩，然后对我说："妈妈，钱。妈妈，钱……"

于是我笑着对洲洲说："这是每个人都很喜欢的幸运钱币喔，珍惜每一个小小钱币的人，钱币也会珍惜她。所以说，要收藏好每一个这样的钱币。"

洲洲很喜欢这枚币，一直握在手中，可是过了一会儿，她似乎把它弄丢了。洲洲一直到处寻找它，带着哭腔对我说："妈妈，硬币呢？"

　　我悄悄地把自己口袋中的一枚硬币塞进洲洲的手中，然后对她说："给你，你的幸运钱币喔！"

　　我希望洲洲和航航，都一直拥有属于自己的金钱运，所以，我们更要珍惜手中的每一个小小的钱币。

　　让孩子们懂得劳动创造钱，我总是喜欢带着孩子们去废品收购站。

　　我现在还记得一个大学同学讲的故事：她读书的高中，校长的儿子经常被他爸爸叫去捡废品，然后有一次为了争夺地盘，他还和捡废品的打起来了。

　　当时只是觉得这个校长好幽默，现在想来，却觉得这个校长的理念很超前。不让孩子有什么优越感，却切实地让他感觉到生活的不易，这真是一种特殊的教育方法。

　　我小时候也特别喜欢去废品收购站，在那里，我发现牙膏皮呀骨头呀，都可以变成钱，那真是一个新大陆般的发现。后来我一直把吃过的骨头细细地收起来，放在窗棂前，直到存够了，拿到废品收购站换成硬币，放进自己的储蓄罐。那真是我小小的快乐。

　　现在航航和洲洲也有了这样的热情。由于种种原因，去跳蚤市场的愿望还没有实现，但作为折中的方案，昨天我们带着孩子，将家中的废旧书报收拾起来，去了一趟废品收购站。

　　一路上，两个孩子且歌且舞，边走边唱着开心的小曲，真的有那么快乐喔。

　　爸爸拖着一拖车的旧报纸，做粗重活。我呢，负责选择好收购地点。然后孩子们也跟着帮忙，我们把一摞厚厚的旧报刊换了十一块钱。航航很高兴地和洲洲商量了下，结果是航航拿了其中的十块钱，洲洲拿了其中的一块钱。

三、让孩子体验投资和储蓄的乐趣

孩子读幼儿园时，我带着她们去银行办了两张银行卡，航航、洲洲每人一张。其实银行卡本来可以在网上申请的，但是，为了让孩子们跟银行多一些接触，我还是坚持要让她们在柜员机上办理。

整个过程中，航航非常有耐心，她看着我填表，脸上露出有些小幸福的表情，她手中紧紧地握着装着十四块八毛钱的钱包，准备存入她这一笔小小的财富。这其中有家人零碎给她的钱，也有她和我一起摆地摊卖掉旧玩具和家中的废品所挣到的钱。我带着她在银行柜台输入了属于她的第一个密码。

出门时，看得出航航很高兴，她手中举着自己和妹妹的两张银行卡，脸上都是开心的表情。她开心地说："等我长到那么大，就会有很多很多钱了。那个时候，我就可以带着钱买好多东西了，给外公买，给妈妈买，给奶奶买，给爸爸买，给爷爷买，给妹妹买。"

航航十二岁了，洲洲也快十岁了，这个时候的孩子仍然很喜欢钱，很喜欢存钱。有时候，航航甚至会通过一些"不平等交易"把妹妹的钱赚走。比如一个原本卖一元钱的棒棒糖，她会故意在妹妹面前吃得很开心，然后两元钱卖给妹妹。

但是航航喜欢存钱，却不吝啬。那一年，她看到我的手机很卡，便对我说："妈妈，你去买个新手机吧，我和妹妹一人支持你一部分钱。"

买手机要花去她们超过一年的零花钱，可是她们还是慷慨解囊——她享受的是存钱的快乐，也享受着通过支配金钱带给家人和自己快乐的感觉。而洲洲也在和姐姐一起学习，懂得了金钱是怎么一回事。

在爱德华·L. 德西和理查德·弗拉斯特《内在动机：自主掌控人生的力量》一书中，引用了德西和瑞安的研究。

"他们最初的研究聚焦于什么样的环境和条件会激发或者损害人们的内在动机。通过研究，他们发现每个人都有三种最基本的心理需求：自主（autonomy）、胜任（competence）和联结（relatedness）。满足这些需求，特别是自主的需求，才能持续激发人们的内在动机，让人们全心全意地投入某件事情，同时拥有最好的体验和表现。"

在基本心理需求理论的基础上，德西和瑞安逐步建立了涵盖内容更广的自我决定论，其影响力和应用范围越来越广，比如在教育过程中如何促进孩子自主学习、遵守规则，在亲密关系中伴侣之间如何互相支持对方的自主性，在企业管理领域如何激发员工的创造力，在个人管理方面如何坚持健康的行为、进行自我改变，等等。

这里面的自主、胜任与联结，其实可以充分体现在孩子对金钱的使用中。

当家长与孩子之间通过协商建立了约定，比如"这笔压岁钱归你所有，我为你存入银行，在你觉得有必要的时候，经得我的同意，你可以支取"，孩子获得了金钱支配的自主性。

而在孩子使用金钱的过程中，他们渐渐感受到"我是可以很好地管理金钱的，零用钱在我手中可以储蓄起来"，他们便得到了"胜任"的感受。

这种感受又进一步通过为亲人和朋友购买礼物，或者是其他的一些形式，获得了来自金钱感受的进一步反馈，这种反馈可能是妈妈的真诚感谢，也可能是来自朋友的惊喜。"联结"意味着满足爱与被爱的需要，而金钱可以作为一种可选择的表达工具。

正如这本书中所说："内在动机而非外在动机，才是创造、责任、健康行为以及持久改变的核心所在。外部的各种巧妙激励或者施加的压力（以及内部的压力）的确能使人顺从，但这种顺从将带来各种负面后果，包括滋生反抗的冲动。"

同样，要让孩子们真正地理解独立管理金钱的意义与快乐，就要让他们找到关于金钱的内在动机，那一定和自主、胜任、联结的感受紧紧联系在一起。

第五章

学会健康消费

　　航航要去参加第一次舞蹈考级，老师叮嘱说头发要梳成髻，梳得要干净。笨手笨脚的妈妈于是决定带着航航去盘头发的地方梳个头。

　　航航遇到了她的幼儿园同学，两个人很开心。她的同学也是在那里梳了头，她的外婆为她买了一个三百多块的公主发夹。

　　看着孩子们在那里安静地坐着梳头，觉得心中也很安定幸福。孩子们在一天天长大。

　　这时，突然从超市外面传来了一阵咆哮声："啷个说要给娃儿买那么贵的东西吗？"

　　一位老人冲了进来，他身上穿着一件名牌上衣，看起来文质彬彬的，但是脸上却全是愤怒。

　　航航同学的外婆是个温柔的女人，这个时候，她只是站在一边默默承受，而航航同学的外公一直嚷嚷了十多分钟。

　　"小小年纪就买三百多块钱的发夹，长大了还了得？想要啥子就买啥子？不准买！她的妈妈在电话里头都哭了的！"

　　老人一直在咆哮，靠近想劝劝的人都无辜受累，我看着那小女孩，眼睛中带着泪的样子，心中实在不忍。我牵着她，对她说："我们去找好吃的吧。"

　　于是我拉着她，一起去超市，给孩子们买了口香糖，分散她的注意力，让她不要聚焦于自己被伤害的自尊心。

"口香糖还不错吧？待会儿你来分给航航和洲洲好不好？"

我问道。

小女孩却一边推开了我的手。我知道她有着自己小小的骄傲。

还好，她外公的咆哮已经停止了。

梳头发的女孩子在一旁说道："女孩子一定要富养，不然长大之后一定会吃亏的，我就是一个最好的例子。"

我问道："那你父母他们会限制你很多吗？"

女孩子说："他们愿意给我很多钱，但是他们总是不愿意给我我最想要的东西，长大之后，我一直有着很强烈的不安全感，我和前男友也是因为这个分手的。"

"是的，他们给了你钱，代表着他们有能力满足你，但是，如果一个人在童年没有办法得到自己真心想要的东西，他就会感觉自己似乎配不上那些更好的东西，在选择职业和配偶的时候，他们都会退而求其次。"

"我直到现在都很缺乏安全感。"女孩子一边给航航梳头，一边说。

"我小时候家里很穷，但是我的爸爸妈妈从来没有让我感觉到匮乏，哪怕在我经济条件不好的时候，我都不会因为金钱而恐惧，我总是相信，一切都会有的。"

一边陪孩子们梳头，我一边和梳头发的女孩子聊天。一旁也在梳头发的邻居也加入了讨论："女孩子是应该富养，要培养她的气质。"

就在这小小的超市外，我发现每个人都是带着自己童年的影子在生活。那个小小的童年的孩子，仍然在我们心中，发出自己的声音。

梳头发的女孩子很伤感地说："人长大了，但是童年形成的习惯却是怎么也改不过来了。"

临走时，我对那个女孩说："不会啊，只要当我们意识到旧有的模式存在问题的时候，那个时候我们就会觉醒，我们就一定会改变。"

三个孩子开心地在前面跑着，我跟在她们身后，越来越深刻地认识到，在金钱的背后，寄托着对爱的理解与渴求。

享受生活并不意味着非得要有豪车豪宅，对孩子而言，哪怕是一根小小的绿豆冰棍，都会让他们高兴不已。当孩子还小的时候，鼓励他们去大胆地没有负疚感地感受生命的快乐，也是消费教育中重要的一部分。

金钱所带来的乐趣是由他们的期望决定的，如果挣得很多，但是期望太高，人还是会不满足。所以，不要忘记孩子们在当下的快乐，比如得到了家人的赞美，得到了一根小冰棍，这些细小的幸福让他们更加容易知足，也更容易感觉到幸福。

有的孩子，家里已经非常有钱，可是孩子会一直感觉到自己很"穷"，这种穷背后是一种深深的匮乏。

最重要的，是尊重孩子当下的意愿，他想要的是草莓，就不要非给他蓝莓，还美其名曰"挫折教育"。

给孩子买东西，买了就是买了，让他开开心心地去感受获得一件事物的幸福，而不是非要画蛇添足地补充一句："你知道我小时候多苦，这些都没有，家里挣钱也很不容易……"为什么非要让孩子在拥有之后，生出愧疚感？延迟满足应该是没有负疚感的满足，是充满安全感的满足。

金钱问题其实是家庭教育最为核心和本质的呈现，因为它要求家庭进行判断和取舍——对我们来说，到底什么是最值得投资的？我们应如何排序自己的需求？孩子们不仅在学习面对金钱，也在学习面对人生。

第一节
▶ 我配得上好品质的东西

小莲是一个很好的女孩，可是她总是遇到渣男。仿佛她总是吸引同一种类型的男孩子——缺乏责任心也没有什么金钱观念的，有时候还要靠她来养活。

而每一段关系的开始都是男方主动，好像小莲根本就不知道如何去拒绝，她只是觉得如果有人追求自己，那就很不错了。

她其实是一个很清秀的女孩，而且人很聪明活泼，在职业发展上也很成功。

男生常常会带她去吃最便宜的餐馆，而且常常由她来买单。对方不喜欢吃的菜，因为害怕浪费，她总是自己吃掉。

在小莲的心中，有一个很弱小的自我，总觉得自己是那个不值得别人珍视，不值得被好好对待的孩子，所以，她会把别人对她的方式看作理所应当。

小莲生长在一个再婚家庭，继父把钱看得很重，他家常常一个月才吃一次肉，只有小小的一条鱼，小莲自然是吃不到多少的。

　　小莲后来选择了金融行业的工作，也是因为童年时所感受到的金钱匮乏和缺失，但她却发现，小时候自己被对待的方式却一直伴随着自己，她决心要有所改变。

　　她告别了不适合自己的男友，开始关心自己的身体，更多地健身与运动，同时，她也在试着改变对自己的评价，更多看到自己的优点，更多看到自己的价值。

　　小莲童年时期的自我评价影响到了她的成年，这会在消费中体现出来。

　　我并不认同善待自己就一定要给自己买贵的东西，但必须要看重自己的需要，吃健康的食物，保持身体的健康，在力所能及的范围内选择好品质。

　　什么是好品质的东西？它意味着一种值得用耐心去等待的东西，它不一定是贵的，但一定是最适合你的。这种好品质，意味着孩子们不被品牌所蛊惑，而是认真地感受自己选择的能力。

　　我的专业是广告，广告总是洞察人心的。有一个化妆品牌的广告是"你值得拥有"，想起来虽然商业味道很重，但是它说的是事实，我们的消费，我们的购买，背后总是投射着我们对自我的预期。

积极信念中，应该让孩子感觉到，关于物质他是不会匮乏的，他总配得上与自己相当的美好东西。

航航说她想要一个学习桌，又说想要一个电话智能手表，我觉得都 OK，在我看来，这是一些正当的需求。但是，我告诉她们，家里的任何一样大件物品的购买，都要有等待的时间，可以在她们生日的时候作为礼物送给她们。于是，孩子们都会耐心地等待着自己的礼物，我从来不爽约，她们都相信，只要等待，美好的东西一定会到来。

我并不认为，爱孩子，就要给她很多钱，给她买任何一件她想要的东西。也有的家长会给孩子在同一时间买好多礼物，我觉得这也是一种表达方式，但是，如果同时拥有好多件礼物，会不会我们就失去了收到礼物的幸福感？我会选择细水长流，不时地给她们惊喜。

孩子在童年之初想要的东西一定不是以金钱来衡量的，有可能是一片小树叶，有可能是一个很奇怪的手工，那时候孩子们的消费还没有社会化。但是，随着年龄慢慢增长，如果这个孩子总是感觉到内心的渴求未被实现，他无法感觉到爱，无法感觉到成就感，在稍微长大后，他反而会向着物质化的方向发展，原因很简单——只有这才是实实在在把握到的存在，而"爱"的渴求，却埋藏在人的心底，常常无法被我们察觉。

孩子们在消费中也要学会克制和等待。

我家孩子想要的电话智能手表，想要的新书包，通常会等到她们过生日的时候，或者是儿童节或其他特殊节日，当作礼物送给她们。

这样做有一个好处，就是孩子们很少缠着家长购买什么东西，一般来说，父母答应了的事情都能做到。

儿童小说《红色羊齿草的故乡》中的主人公，为了拥有自己想要的一只猎犬，用整整一年时间去捕獾，辛苦一年之后，终于实现了自己的心愿。那种付出与等待背后，是一定有积极的信念支撑的。有了这样的信念，孩子们做什么事情都能成功。

家长们需要注意的是，许下的诺言一定要兑现，不能开口承诺你办不到的事，这样与孩子的约定才有意义。

第二节

▶ **金钱的需求背后是什么？**

> 有一位初一的姑娘，她突然喜欢上了逛街，刚开始是自己一个人去逛，后来缠着要爸爸妈妈一起去。
>
> 妈妈感觉到有些为难，因为孩子这些日子作业很多，等到她作业做完已经是晚上八点以后了，那时候再去逛街已经太晚了。
>
> 孩子被拒绝之后很不高兴，甚至对妈妈变得非常冷漠起来。妈妈心想，一定是孩子有什么特别想买的东西，需要自己去买单吧。
>
> 爸爸便对孩子说："明天，等到你作业做完之后，我们就一起去逛街吧。不过，不一定买什么东西，我更加喜欢多选选。"
>
> 姑娘不太高兴地说："不买东西的话多没意思啊。"
>
> 不过，第二天，全家还是一起去逛街了，爸爸妈妈陪着孩子试了很多件衣服，而且还提出了自己的建议，女孩虽然也有自己想要买的东西，但是她发现这

个品牌并不太适合自己，就去别的地方逛。

在文具店里，女孩逛了很久，爸爸妈妈就在店门外等着她。最后他们虽然没有买什么东西，但女孩还是显得很高兴，因为对她来说，真正需要的是家人的陪伴，而且在逛街的过程中，她也有放松和休息的空间。

全家一起去逛街，这让女孩感觉到放松，虽然女孩平时都表现得很独立，其实她也需要父母的陪伴。

很多时候，孩子的需求都是很简单的，家长们可以在力所能及的范围内满足孩子的合理要求，如果有时孩子表现得很激烈，那就要听听孩子的心声，或者好好地观察孩子了，看看他们是不是有未被满足的爱的需要。

2015 年，我家和另外两个家庭一起旅行，在旅行中，我过了自己的生日。

我们走在商圈，突然看见了一家手表店，被那里的标价晃花了眼，孩子爸爸早说过他想要一只手表，曾经问过机械表的价格。

店员为我们作了推荐，我看孩子爸爸挺喜欢的样子。

"包起来吧！"我大方地说。

他很开心地看着我。

这也是我第一次送他这么贵重的礼物。

“哇，今天是你先生生日啊！收到礼物好开心吧？”伙伴说。

“不，是我的生日啊。”我很平淡地说，“自己的生日，就是要让自己开心一点，送给他一点礼物，我很开心。”

我豪爽地取出自己的信用卡，虽然额度并不高。但是我喜欢送礼物给自己喜欢的人，这也是让自己快乐的方式。

看得出来先生很开心，原来男人收到女人送的礼物，也会有这样开心的表情。

这一买表就不可收拾，同行的小月也买了一块，而跳跳也想要一块手表，跳跳妈妈刚开始不同意，跳跳就一直哭着不罢休。

我突然想起来什么，跑到店外，买到了一盒纸杯蛋糕。漂亮的颜色，有巧克力味道的，有草莓味道的，都是那么漂亮，让人闻到生活的甜味。

“来，跳跳，你忘记了吗？今天是你的国际生日啊！”我记得跳跳妈妈告诉过我，跳跳自从上一次和旅途中的伙伴们一起吃了次生日蛋糕，便决定一年要过两次生日，其中一次就是国际生日。

“喔，我都忘记了。”跳跳破涕为笑。

“是啊，跳跳，你知道，并不一定要得到一件东西才会快乐，吃到好吃的，和朋友们在一起，都会很快乐。是不是？”跳跳妈妈这样说道。

后来，跳跳妈妈还是偷偷地去买回了那块手表，因为跳跳已经不再哭了，而是学会了笑。

“你真够跩的，自己过生日，给先生买生日礼物啊？”跳跳妈妈问我。

"嗯，因为我喜欢这样。"我喜欢自己那一刻潇洒的样子，我不需要手表，我也不需要珠宝，我只想要身边的人快快乐乐的。

这几个孩子，每个人都捧着一块甜美的蛋糕，我们一群人坐在地铁上，拍下了这样一张大家都在微笑着的照片。

跳跳他所想要的其实不是那个手表，而是来自大家对他的重视，对他的需要的看重，当这一点满足的时候，跳跳就是那么快乐！

在对金钱需求的表象下，也许正是一颗需要关注，需要关爱的心，而当我们真正去看到孩子的需求的时候，他们对金钱的态度也会变得更加从容。

一方面，孩子们索要某种东西，意味着交流，父母要思考，这是不是意味着他们需要关注；另一方面，当孩子们对金钱问题感兴趣，开始提问，或者开始提要求的时候，父母们要敏感地察觉到，孩子们真正需要的是不是一种安全感，或者是想要找到自己在朋友当中的坐标位置。

第三节
▶ **和孩子真诚公开地谈家中的财务**

　　罗恩·利伯所著的《反溺爱》一书中，讲到了这样一个故事：布拉姆森·杜威的父亲迈克经营一家小型批发公司，只有周日休息。但他节俭的作风毫不松懈。如果他太太买 2 升的苏打水花了 1.29 美元而不是 1.09 美元，他就会发脾气，还会好几天都不高兴。在所有孩子里，布拉姆森和他弟弟属于那种没去过餐厅用餐、没有雅达利游戏机，也没去过其他地方度假的人。

　　他们从没问过父母为什么会这样，但在心里会不断猜想，家里是不是经济拮据，或者父亲是不是想要给他们什么启示。"但他除了告诉我们要做什么事以外，从不和我们任何人聊天。"布拉姆森说，"既没有人生课程，也没有什么指引。"

　　2001 年，他父亲被诊断患上了癌症，在接受治疗期间，必须有人接手家里的生意。布拉姆森重病的父亲时而清醒时而昏迷。清醒的时候，他知道自己别无选择，至少一定要回答儿子的某些问题。布拉姆森在打开父亲的邮件时才明白，父亲的生意并没有他想象的那么糟糕。父亲的银行账户里有五十万美元，但不知道已经放了多久，而且没赚到什么利息。

一切终于真相大白。除了父亲的公司，公司总部所在的那排大楼，包括楼上的公寓，都是父亲的财产。而且迈克在1968年把公司搬进现在这栋整排大楼时，他还拥有前一栋大楼，那栋楼也有几套公寓。布拉姆森计算后才发现，父亲根本就是个千万富翁，仅是出租那些公寓，一年就能有六位数的租金进账。

不到一年，迈克就过世了。布拉姆森和弟弟、母亲继承了这些财产。他们决定结束批发公司的生意，把房子打理打理，再请一家物业管理公司代为运营。他们收到高额的租金，布拉姆森也辞掉了会计师的工作。在三十六岁时，他成了全职老爸。

布拉姆森的父亲对待金钱的方式虽然极端，但似乎也不是独一无二。正如有些富豪担心孩子会乱花钱，所以会隐瞒家中财产，甚至会告诉他们家中很穷。

事实上，对于经济条件较好的家庭而言，因为担心孩子会变得物质主义或者乱花钱，而选择对孩子隐瞒家中的经济状况，这样的方法，并不意味着能够培养起孩子的节俭习惯。

反而，孩子们在得知真相之后，更加容易产生一种"补偿式消费"的心理。

而在另一方面，一些家庭经历了突发变故，如何与孩子一起探讨家中的财务危机也是个考验。

当安妮在 2014 年 5 月丢掉了一份做了十一年的工作时，孩子问她是不是要搬离位于菲尼克斯的家，她没有假装开心，也没有说谎。她的回答是："我们也不知道。但是我们打算继续住在这个城市，这样你们就可以继续上同一所学校。"因为当时住的房子除了房租还要付很高的煤气费，于是全家人针对这个问题，专门讨论是不是要搬家。

安妮失业后，她和先生立刻告诉孩子，他们有一点积蓄，而且公司给了一些经济补偿。但他们也提醒孩子，全家人要更谨慎地花钱，因为他们不知道安妮要多久才能找到新工作。在这种情况下我们都忘记了，对这个世界的运转，孩子所知非常有限。安妮回忆说："我女儿问我，我是不是当天就能找到工作。她以为，我只要去应聘就能有工作，完全不了解求职场上的竞争。而且她还不停地这样问，以为工作很多，我只是丢掉其中一份而已。"

安妮失业在家第四个月时，为了避免搬家，孩子们已经习惯了勤俭度日。但是当他们不得不取消全家的游轮之旅时，孩子们还是感到非常失望。有时候，全家人还是想去看刚上映的热门电影。安妮的女儿为了帮父母省钱，自愿放弃参加夏令营活动。她的先生和女儿都很热衷于万圣节活动，每年都会为此精心装扮。那一年他们原本打算扮成小叮当和库克船长，后来却改变计划，把前一年的小红帽与大灰狼的服装拿出来用。虽然孩子愿意牺牲参加万圣节活动的乐趣，但还是希望情况可以尽快好转。安妮说："他们现在可以看出来我去面试时会穿哪件衣服，然后就会有点兴奋。"

在《反溺爱》这本书讲到的这个故事中，安妮面对着来自孩子的压力，如何向孩子解释家中的经济变故？安妮做得比较好的地方是坦率，她并没有模糊现状，同时也在淡定地告知孩子，他们生活的变化是因为客观原因。

但是在这个案例当中，孩子是有压力的，所以女儿才会一直对她的寻找工作表现出期待，但是，女儿并非完全不知晓。

当孩子突然开始关心起家中的收入，关心起父母的工作时，也意味着他们的成长，他们开始知道，家中的经济现状决定着生活条件。

我个人认为，在面对任何经济条件的变化时，孩子内心会承受由于变动而导致的压力，这是一件很自然的事。父母不要强调一切都没有变化，假装一切还好，父母更应该强调的是，在外在环境变化的同时，还有一些是不会变化和动摇的东西——比如家人之间的相爱，比如我们对彼此的支持，还有我们面对生活的积极态度。

就如同安妮一家虽然没有办法重新去购买演出服装，但是他们可以使用去年的服装，而创意和欢乐是不变的。如果父母能够强调这些不会被改变的东西，那么孩子们在成长过程当中，心理会更加健康，态度会更加乐观。

　　这也是健康消费观念背后的信念基础——让孩子们知道，无论他们的家庭是有钱还是没钱，他们的价值都存在于那里，无论他们是否消费名牌商品，他们作为朋友都是那么温暖。

　　尤其是在家中的经济状况发生变化时，和孩子们平等而坦诚地谈钱，这是父母能够给予孩子们比金钱更重要的东西。同时，父母们还应该向孩子们更好地示范——我们作为人的价值，良好的品格，保持积极乐观的心态，保持希望向前，对家人的责任感。尤其是在面临变化时，孩子们更需要来自父母的示范，向他们展示某种不受环境影响的内在品格。

　　健康地消费，其实背后是孩子们对金钱问题的理解，以及他们在父母还有朋友以及环境中学到的观念之和，当孩子渐渐长大，也许会觉得父母们的观念不一定是自己喜欢的，所以父母们越是在孩子小时，早些开启这个话题，越能够更好地和孩子们在未来深入交流。

第四节
清醒和健康地消费

　　豆瓣有一个名叫"负债者联盟"的小组，很多年轻人在这里分享自己负债的经历，其中不乏"90后负债71万""26的年纪，表面光鲜亮丽，实则负债60多万""因为这些外债，我再也没有资格幸福了"这样触目惊心的帖子。

　　在今天的互联网借贷平台上，每个人都可以通过各种各样的网贷工具，轻松借到钱，这些平台还会不断地暗示你尽情消费。放纵的结果是债务就像雪球，越滚越大，压得这些负债累累的年轻人透不过气来，只能以贷养贷，生活彻底被掏空。

　　孩子们需要培养消费的智慧，他们需要懂得健康的欲望需要自我管理，需要有意识地规划，而不是被煽动起来的无目的的消费。

　　囤积物品，拥有更多物品，似乎变成了在购物节当中大家释放压力、尽情狂欢的方式。

　　珍儿是一个喜欢购物的人，尤其和她的好姐妹小静一起，她们都是追求生活品质的购物者。

每一次购物，她们都会一起分享各自的经验，当然，她们所在的房间都堆满了购物的战利品，其中好多都是还没有打开过包装的。

珍儿也不知道自己为什么这么喜欢购物，也许是因为小时候，爸爸妈妈出差不在家的时候，总是给她钱让她给自己买点儿好东西吧。

意外突然发生，小静因为突发心梗去世了，这个消息让珍儿心痛不已。在去送小静时，她看到小静的妈妈取出小静购买的最漂亮的衣服。

她和小静的家人一起，把这些未曾用过的战利品一起焚烧成灰。风吹过那些灰烬，这时珍儿突然感到，人存在于世界上是那么脆弱，那些物质最后我们并不能带走。

珍儿想停下来，想想自己是否能学会不通过消费，而是通过平凡生活中的点滴发现来感受快乐。

谈到消费主义，我会想到"无面人"的形象——不惜一切地想要拥有更多，却总也填满不了自己的欲望。人的心中被爱充满，被梦想充满的时候，就会更加有力量去面对生活，而不是通过简单的购物行为来填补心中的空虚。

有一段时间我感觉自己缺乏能量，每天都习惯性地上网站逛逛买买，结果一个月下来，账单上的数字实在是惊人，而我看着家中堆积着的物品，并没有体会到深深的满足——而如果我某节课上得很成功，或者是完成了很满意的一篇文章时，内心是那么充盈。花钱真的不是获得幸福的手段，而这一点我们大人也需要慢慢去体会。

消费至上的社会，信奉一切问题都可以通过金钱来解决。孩子不喜欢学习，购买我的学习产品就好了；到了某某节日，应该就是买礼物的时候了；我想开心一下，买一个新口红就好了……消费至上告诉我们：只要消费，你就能幸福。

真的是这样吗？

是不是只要有了金钱，我们就能解决一切？

广告中宣传的口号，常常成为我们购买某个产品的理由。

我在广告课上往往第一句话就是——这门课，就是要让你们破除消费的幻觉。

有一次和家人一起观看电影《千与千寻》，看到电影中汤池里每个人都在想办法获取更多的金钱，而对那些大手笔的客人恭维逢迎，先生说道："看来这部电影讲的是日本泡沫经济破灭之后的感悟啊。"

仔细想想，的确是这样，当经济高速发展时，日本的社会处于一种躁动不安的状态，而当经济下行并持续低迷时，日本社会则发展出了许多朴素的生活方式。像优衣库，就是在经济下行时服装厂商对市场的洞察，越是在一个经济慢速的时代，大家越需实用的平价产品。

我并不仇富，也知道在产品的价格之中，品牌所带来的身份认同感也是一部分。可我还是坚定地相信这个消费观念——适合自己的才是最好的。同样，我也坚定地相信，金钱并不能解决一切问题，它能够保证我们的衣食住行和安全感，真正的幸福，可以比金钱更复杂，也可以更简单。

马丁·塞利格曼在《真实的幸福》中写道："你对金钱的看法实际上比金钱本身更影响你的幸福。物质主义似乎有反作用：在所有阶层中，越看重钱的人对他们的收入越不满意，也对他的生活越不满意；至于为什么会如此，现在还没有人知道。"

创意财商教育的目的是为了让孩子们重视金钱的力量，但最终的目的，是让孩子们拥有驾驭金钱的能力和格局。下面这几点，就是我反成功学的观点。

一、拥有一个平凡的梦想，挺好

我们所处的这个时代，是一个梦想匮乏的时代，也是一个梦想泡沫的时代。

所谓的梦想匮乏，是指孩子们在成年之后，常常不知道自己喜欢什么，擅长什么，想要做什么。他们没有人生目标，只是跟着周围的人一样生活，大家考级，他们也考级，大家考研，他们也考研。

我当了十五年的老师，当我开始给大家讲课，发现最先要解决的问题是，让这些来学广告专业的孩子，先了解和喜欢这个专业。

"这是我家里人给我选的……"

"不是我自己选的……"

大家都这样说道。很多孩子的人生，是在高考之前；高考之后的人生，他们根本没有时间思考。

自我没有觉醒的孩子，就会一直处在迷茫之中。有时候，这种迷茫甚至可以持续到中年，过着过着，人也就老了。

生命应该有更多的觉醒，应该有更多的梦想。理想中的教育，应该是引导孩子去发现自己，他们应该早早就知道，什么样的事情自己会喜欢，经历什么会让自己充满激情，这样，生命就会有更多能量，财富才能不请自来。

当我和所教授的大学生们聊天的时候，有男生告诉我，他在十六岁时创业失败了，他办了一个网站，借了七千多元钱，可是后来失败了，他和几个兄弟扛着啤酒，醉了一宿。

那次失败的经验之后，他仍然没有放弃，直到后来他毕业之后，他终于找到了自己喜欢和想要从事的方向——开办桌游吧。这次，他终于成功了。虽然说这个桌游吧规模不大，但足够他和他的妻子过着理想中的生活，看他日常种种菜，开开店，也是自得其乐。

十六岁的时候，很多其他孩子都重复着周围人们的生活和轨迹，而他已经经历了创业失败。我觉得这样的经历实在是太宝贵了，我鼓励他说："终有一天，你会看到这样经历的价值。"

没有梦想，是很多成年人的通病，大人们是这样活过来的，所以，他们也没有时间去发现孩子们心中，那小小的梦想的萌芽。

但是，另一方面，我们的世界，又充斥着太多的梦想。

这梦想无外乎单一的偶像与泡沫，比如——成为首富。但，如果我们全社会都在追求财富，那其实也是一件蛮悲哀的事情，因为无论你如何努力，首富只有一个，正如选秀的明星也只有一个，这样单一整齐的梦想最后，会不会让大多数的人都陷入失望？

梦想的泡沫化背后，是价值观念的绝对单一，我们太在乎活在别人眼中的自己是什么样子，而忘记了自己的心是什么样子。

在我的老家，有一家小小的药店，我上次回老家感冒老不见好，就有人推荐我去那里买药。我去药店一看，生意好得不得了，排队都排到门外了。大家都来这里买药，因为这店配药是用的以前传统的方法——包药。

包药，就是药师根据你的症状，将药品一点点地配好，给你包在小纸包里，然后告诉你服用方法。这是最早期医院配药的方法，方便患者，而且配药会更加科学。

现在，医院和药店早就摒弃了这种做法。配药费神啊，卖整盒药，获利会更多，而且很多便宜的药，医院和药店都不愿意进，因为卖价低，赚不了多少钱。可是，这家药房，它就用那种复古的卖药方式，用传统的、便宜的好药，一包一包地配好卖给顾客，这样顾客也不用担心买回来整包的药浪费了，而治疗效果也更好，顾客得到好处了。

虽然配一次药只能卖几十块钱，但卖的是传统药，成本有时候才几毛钱，所以药店也赚钱了。

我们需要的梦想，应该像这家药店的经营理念一样，是慢慢生长的，而不是急功近利的。

就像那家药店的老板，我真的很佩服他的聪明，他用对大家都有好处的方式，细水长流地挣钱。如果大家都能用自己的节奏去实现梦想，我想社会会更平和和包容。

无论是梦想的缺乏还是梦想的泡沫化，其背后都在提醒我们：要用多长时间，发现自我真正的需求，发现自己真正的才能，并且用自己的节奏去实现它们。这对家庭和孩子而言，都是一件最为重要的事情。

二、我的幸福不需要用金钱证明

回乡下老家后，爷爷奶奶带孩子们一起去买鞋子。

在步行街上，先是给三岁多的洲洲买了一双凉鞋。我第一眼就看上了，觉得有小蝴蝶结，颜色也比较讨喜，让洲洲试穿了一下，感觉也不错。

经过讲价，二十五元就买下来了，爷爷是很会讲价的。然后给六岁的航航买鞋子，这个时候的航航，鞋子要穿 32 码的，在童鞋店里还真不太好找，最后终于找到了一家，试穿也不错。老板要价九十元。

刚才的价值尺度在心中产生了影响，讲了半天，价格少不下来，于是我们带着航航和洲洲继续往前走。

天气挺热的，孩子们一直很配合，我们说先不买的时候，航航也没有一点情绪。

在品牌店给航航选中了一双还不错的鞋，航航也高兴地穿上了这双一百元的新鞋。而洲洲呢，也很开心。

爷爷开玩笑地说："姐姐的鞋子可以买妹妹的四双鞋子。"

可是洲洲是真的开心。她一直很喜欢自己的那双有蝴蝶结的鞋子，其实她根本不在乎这鞋子是多少钱，甚至这个时期的航航也根本不在乎。价格——我们衡量物品价值的标签，在这个时期并没有发挥作用，孩子们在童年的最初阶段，并不会以价格的多少来衡量物品，她们更多的是追求自己的喜好。

长大之后，大人们常常活在比较之中，比较自己所拥有的物品价格，以此来衡量自己在社会中的位置。这个过程常常会从十岁左右开始。

有一位同事的孩子，他读一所非常好的小学，这个学校里的孩子家里都很有钱，同学家长开的都是很贵的车。他就问爸爸："我们为什么不开更加豪华的车呢？爸爸，你把车子换了吧，不然就不要开这车来接我了。"

他的爸爸没有办法，不知道后来是不是因为孩子的要求去换了车。

六至十二岁是孩子消费初步社会化的阶段，社会化的开始就是比较的开始。通过价格的比较来确定商品的价值，进而建立自己的位置，这个过程是消费的定调。孩子们会经历这个过程，但是有的孩子，由于太过于缺乏自我确认，会在这个阶段花费太多的精力，来确认自己的社会位置。这也是为什么很多刚刚进入青春期的孩子，会特别在乎名牌的原因——对这样的一群孩子来说，确定自己的位置真的是再重要不过了。

而那些自我确认程度较高的孩子，会有更多的途径去确认自己的价值，而不会集中精力在消费方面，他们可以建立自我价值感的方式有很多。

如果要帮助孩子顺利度过这个阶段，集中注意力于产品本身——品牌是否适合，其实功夫最早还是在童年早期完成——让他们感觉到自己对世界已经很重要，就是一个重要的消费定调。

同时，他们还需要建立明确的自我价值感和效能感，知道自己喜欢什么，擅长什么，什么是自己最好的朋友。谦和自信的人，不需要外部别的东西来证明自己。

有一则新闻，讲到某位成功人士在衣锦还乡后，总会给乡亲发红包，只要排队来领钱的，哪怕你多排几次也不介意，每个人发三五百，一次可以发掉几十万。

一方面，我想他是一个重情义的人；另一方面，我猜想他一定在年轻时受过金钱的苦，也曾经受过没有得到认同的委屈。所以用"恶补"的方式来证明自己曾经被否定掉的价值，金钱成为了最直接的工具。

当一个人很自信的时候，他并不需要外在的东西来证明自己，他会选择对自己来说最适合的生活方式，他会有自己的生活准则，他听从的是内心的声音。

而童年在这个时期发挥着很重要的作用。一方面，我们要引导孩子在家庭中完全自我确认；另一方面，我们也要在外界，引导孩子发现自己的优点和可贵之处。

三、我会被无条件地爱和接纳

真正的自我来自内心的坚定：我就是我，而不必像别人，存在就是存在，自己具备被爱的权利和资格，不必非要什么才证明自己的价值。

幼儿园时期，洲洲和航航起床后看书，玩耍。洲洲说了句："我是小公主……"

航航说："你不是，我也不是。芸芸才是，因为她有公主裙。"

"你也有公主裙啊，你们都有。"

"可是别人有三条公主裙。"

外婆听了之后，马上对她说："不要攀比喔，航航不要攀比。"

"要比的话，就只能够比学习，比是不是努力；衣服这些，穿戴什么，都是不能够比的。"外婆说。

航航其实早就有了消费比较的表现，但这也是自然的过程，我不想完全否定它，但是更加不想航航被它所影响。

"内心很漂亮、很善良，才是真正的公主。就像喜喜夸奖你很漂亮，为什么他这样说啊？"

"因为我内心很温柔，对人很包容……"

"对了，所以要做公主，不在乎是不是有漂亮的衣服。"

当孩子们很早提出关于消费的疑惑时，父母们越早回应，越能引导孩子看到自己的价值，同时也适当地及时满足孩子们需求，并且鼓励孩子们学会在未来延迟满足，这样孩子们在青春期，越容易平稳地面对外在消费世界的信息，坚持自己的价值感，而不会被消费主义的大浪拍打得迷茫。

当孩子们进入青春期时，他们会感受到同龄人的消费带给他们的压力。比如，有的中学，尽管学校三令五申，禁止在学校穿校服以外的衣服，禁止攀比，可是孩子们还是找到了消费比较的方法——他们偷偷地炫耀自己的限量版球鞋。一双球鞋的价格往往要让工薪族的父母心疼不已。

消费不仅仅是一种分辨自己所属群体的手段，更是一种找到自己角色的手段。青春期的孩子面临着被放在社会评价体系中比较的压力，在这个阶段，消费是其中一种比较方式，当然，还有其他可以被比较的，比如容貌，比如成绩，等等。

那么，什么样的情况下，孩子们能够顺利度过这个阶段，能够顺利地找到自己，并且保有自我呢？

答案就是——他们在很小的时候便感受过那种无条件的爱，他们知道，自己独一无二的价值，是不会被那些球鞋或者好玩昂贵的物品替代的。所以，孩子们在青少年时期消费中表现出来的问题，其实早就在儿童时期埋下了隐患，但父母们不必难过，因为这是他们必须要重新去认识世界，并且在世界中寻找到全新评价体系的过程，这个过程不能回避，意义非凡。

父母可以尽早在儿童期陪他们建立好健康的自我，而这将陪伴孩子经过生命中最有挑战性的阶段。

四、独立思考，不被广告洗脑

我曾经问过我的学生一句话："你们最喜欢的品牌是什么？"他们有很多很多的答案，说起来的品牌都是赫赫有名，可是那个时候，我不以为然地笑笑说："幻觉，那全部都是幻觉！你以为你购买的是品牌，其实你购买的是产品投放在你心中的想象而已。正因为这样，我们更要回归产品的本质，再判断自己究竟是需要还是想要。"

孩子们在消费过程中，需要理解广告。有的家长会刻意强调广告的负面影响。所以有的小孩一看到广告，就会说："这是骗人的！"或者看到有人向自己介绍产品，他就会说："你是在骗人吧？"

作为广告专业的教师，我当然不认同这种方式。广告的积极意义在于它是一种时尚文化，它参与塑造着我们的流行。我也告诉学生们，广告可以很有正能量，广告也是可以做得很有趣，能够帮助到别人的。

要让孩子们学习应对广告的影响，最好的办法，还是以客观的态度，向孩子们介绍关于广告的来龙去脉，让她们充分理解广告，学会利用广告，理解广告。当然了，她们也学会为自己打广告——这才是广告精神嘛！

不过，除了积极作用，虚假或浮夸的广告也有负面作用。

航航和洲洲看电视，看到了《家有儿女》中，姥姥因为误信了上门推销男人的话，买下了过期灭火器那一段，就开始问我。

"为什么她要买那个人的东西呢？"

"因为他说得很好听啊，把产品说得很好。"

"那个男人为什么要把过期灭火器卖给她呀？"

"因为这个世界上有些人要赚钱，就不管他人了，这样做是不对的。"

"那么，如果还有人告诉你们，一种橡皮泥很好很好，你们会买吗？"

孩子们摇摇头。

"很好，广告和现实是有区别的，我们要合理区别。"

一直以来，在教育孩子的过程中，我都没有刻意让她们对广告产生排斥或者对立。因为我理解，广告当中仍然有它的积极成分，比如告知信息等，而这样的一个机会，就来得非常自然。

对于广告或者推销的认识，是孩子消费观念形成的第一步。

在这个过程中，要树立对广告的正确观念，其实也是树立对消费的正确观念。

1.意识到我们每个人都有消费的必要，而更重要的是，抛开广告的攻势和鼓吹，认识到自己真正需要的是什么。比如，当我们想要快乐，广告中正在销售一种"快乐"为主要推广语的冰淇淋，你需要明智地意识到，你的情感需要和产品之间是有区别的。

2.对于品牌和产品有合理的认识，能够抛开广告概念，认识到哪些品牌和产品比较适合自己。目前市场营销中的很多手段比如说塑造概念，在未来会渐渐被更新，产品永远是第一位的。孩子们有权利追求较好的产品，但是要建立在更多渠道的了解和比较之上。

像是孩子们有一段时间反复希望吃某种糖果，这是基于广告投放，有段时间又反复告诉我说回家要带某某巧克力，也是基于广告投放，并且航航还告诉我说，她会为了看这个巧克力广告而去收看某些固定频道。对于孩子们的欲望，我不会纠结，会适当满足。

而当孩子们渐渐长大，航航需要自己去选择衣服时，我也会引导她，不同的品牌有不同的风格，广告及促销会激发人的欲望，欲望保持在一定程度有助于提高幸福感，但这是有限度的，如何实现中间的平衡，通过合理消费达到幸福感最大化是我们认识消费的根本。比如，我带航航去书店购物，航航想要买一本贴贴画，可是我知道她的贴贴画已经很多了，在讨论之后，我同意购买，但是有一个原则：书籍和文具是必需品，妈妈可以出资，但是非必需品，就要用自己的零花钱。

我不鼓励一味限制孩子的欲望，这个欲望必须要在家庭条件允许范围以内，在她自己掌控之内去满足。

对孩子而言，电视中的广告，其实就是最好的关于消费的教育开端。

不用一味否定孩子的欲望，也不用完全听从孩子的需求，把握孩子提问或者请求的机会，就可以把更加务实的消费观念植入孩子的心中。

在《反溺爱》一书中，作者谈到了关于消费的合理性判断公式，我觉得值得借鉴：

1. 孩子的消费标准应该和其他家人保持一致，如果说父母根本没有购买过上千元球鞋，那么孩子提出这个要求，是超越了家庭的消费习惯，是需要仔细商议的；

2. 需要计算消费行为所带来的快乐产出比，将购买行为转化为一种投资，思考这样的消费究竟会带给家庭多少欢乐——
比如购买一副球拍，可以带给家人上千个小时的欢乐时光，那
么这就是值得考虑的；

3. 把钱花在能够给家人创造共同喜悦的物品和经历上是值
得的。

当然，家庭当中关于消费，还有许多父母和孩子们需要反
复沟通并建立的共同观念。有时候，父母们的消费观念也会
受到孩子影响，而父母们也可以借此机会去了解社会中新的
潮流。

五、家庭阶层向上的力量不是来自消费

在电视剧《三十而立》当中，顾佳为了进入一个更有影响
力的圈子而倾全家之力购买一个包包的行为，可以看作是一种
通过消费确立身份的投资。但真有这样简单吗？买了名牌包
包，就是有钱人吗？

真正的阶层不是由你的消费来决定的，也不能够由你的消
费证明你本人是谁。

在我看来，消费不能改变阶层，真正让一个家庭向上的力
量，是来自他们是否能够保持昂扬的生活热情，并在一次次的
选择中把握住前行的方向，也就是向上的力量。

（一）教育是但不是唯一好的投资

我的爸爸妈妈是普通的工人，他们只接受了很少的教育，
在我的少年时期，家庭收入一直很少。在我读大学的时候，学
费耗去了全家的积蓄，此外还有部分是来自亲戚的帮助。

我先生家在农村，他选择专业时，是因为学校对一些专业基本上是免除学费的。而他在读大学第一学期时，所有的生活费只有五百元钱。

我们从较低的阶层得以向上流动，现在的我有一份很喜欢的工作，先生成为工程师，我们可以说是阶层流动的受益者。

我的很多朋友，他们现在是企业高管、律师或者是大学教授，他们很多也是来自较低收入的阶层。

我的这些朋友，他们受益于中国经济的快速发展，渐渐成为社会的中坚力量，他们也是阶层向上流动的受益者。

如果不读大学，那些留在老家，或者在父母身边生活的孩子，他们在消费观念和审美上是以城市最主流的标准为参照的，比如说，他们愿意花更多的钱在美容、美发等塑造自我形象的投资上，却不一定愿意在自我提升上投入更多。

但是，今天的父母如果用昨天自己的奋斗之路来要求孩子们，恐怕也是不现实的。时代已经在发生变化，经由读书上升的道路也越来越有挑战性了。

曾经走过这条道路的父母们，也要看到今天孩子们所面对的环境已经和昨天不同。但有一点是不变的——最好的投资是投资自我，自我的学习成长，这一点不仅仅适用于高考或者其他的升学考试。学会一项新的技能，报名参与一项新的任务，这些都是自我学习与成长。

（二）灌溉孩子的精神之树

对于农村家庭奋斗的孩子们，从二十世纪八十年代到二十一世纪初是一个黄金时代。这个时代农村出来的孩子们，吃苦，能够拥有拼搏的勇气和信念，所以他们中的很多人获得了发展的机会，在阶层中呈现上升的态势。

今天，农村孩子的生活环境已经和从前大不相同，父辈们的努力奋斗打拼，让他们可以选择安逸，奋斗精神还在吗？

有一个二十岁的农村男生，他的妈妈在农村养鸡，过着非常艰苦的生活，甚至在高温四十度的天气下，她都舍不得买一个电风扇。

妈妈很能干，养鸡场每年有十来万的收入，但每一分钱都来之不易。如果男生能够学习到父母的奋斗精神，那么相信他也可以成为一个懂得生活疾苦、积极向上的孩子。

但是事实不是这样，这个在城里读书的男生，他穿的鞋子全是名牌，每天起床就要敷面膜，而他所崇拜的偶像很多都是韩国明星，男生的所有发型都是仿照他们来设计的。他每个星期的零花钱是一千元，他一个月的开销占去了妈妈收入的一半。

当看到这样的现实，我非常心痛。后来我也在思考，这到底是什么样的原因造成的。这个男孩的妈妈是那么吃苦耐劳的女性，而他为什么没有学习到妈妈身上的精神？

在这个男孩很小的时候，他的妈妈为了生活而打拼，不得不把他交给奶奶抚养，而奶奶对于唯一的孙子，能够给予的就是宠爱。

虽然农村的上一代人通过自己的劳动创造了更好的物质生活，但是在精神上，由于缺少对孩子的教育，造成了很多家庭下一代的"精神退化"。

我有一个邻居，他妈妈一个字也不认识，但是培养出的三个儿子却分别是报业集团的老总、高级工程师和企业家。在物质上，那一代人更加清贫，而在教育方法上，妈妈也未必有多么精心的规划。但是妈妈教给他们最基本的原则，那就是要靠自己去生存。老大先考入中国人民大学，也给后面的两个弟弟极好的示范。父母给予孩子们更多的是精神上的宝贵财富，而不是物质生活的满足，这是让他们勇敢成长的重要原因。

就拿我家来说，虽然经济困难，我的父母从来没有在我面前说过我们家很穷。他们仍把最好的东西给我，从我读小学的时候住校开始，他们愿意在我身上花去自己收入的一半还要多。另外，我的父母在经济条件最差时仍然善待家人，他们在自己每月只有三十元钱收入的时候，还坚持给奶奶五元钱。

可以说，在我的父母身上，我看到了最坚韧的责任感，也是因为他们，我拥有与金钱之间比较坦荡的关系——我很少有匮乏的感觉，凡事乐观，也相信努力做事的意义。这都是我从父母那里学来的功课。

父母应该关注孩子的精神之树，这是一个孩子真正重要的财富，它会茁壮生长，克服所有的阻碍，生长成为积极向上的精神底色。

（三）保持一颗平常心

平常心，意味着用平等的眼光看待周围的所有人，淡然看待成功或是失意。

在小区里，有一个男孩子在给小朋友派发糖果，他看起来三四岁，头大大的，穿着破旧的衣服。第一次我看到他的时候，他穿着一双近黑色的拖鞋，左手抱着一桶爆米花，右手抱着一袋棒棒糖，向我们靠过来。

这个时间，小区里有很多孩子，却没有一个人和他玩儿，大家一看到他，就赶紧把自己的孩子拉开。男孩子一点儿也没有表现出畏缩，他把自己的零食举起来，一会儿抓一把，放进自己的嘴里去，时不时地举着食物，给那些身边的孩子看。

有一些孩子被食物吸引，想要走过去，马上被拉开了。

我听妈妈说，这就是那个家里的外公外婆、爷爷奶奶都在做清洁工的孩子，他家里还有一个舅舅，智力似乎有一些问题。

"他是一个人出来玩的，没有大人带着他！"

果然，这个孩子身后没有大人跟着。他的后背长着一个很大的肿包，家里正在为他的手术存钱。

洲洲似乎不太愿意靠近他，只是对食物很感兴趣的样子。我对洲洲说："你看，这个哥哥很厉害喔。他愿意把食物和大家分享，这是他的第一个优点；他自己一个人也敢出来玩，这是他的第二个优点！"

有家长对这个男孩很生气，因为他把食物拿出来分给自己的孩子，他们叫着让他拿回去。

我蹲下对这个男孩子说："你很棒喔！你将来一定会成为了不起的男子汉，因为你敢分享，还很会社交，将来一定很棒！"

我们小区还有这么一个小女孩，她很活泼，但是家里是租户，没有自己的房子，和其他几家人合住在一起。

小区里的孩子们不是很喜欢和她一起玩儿，我却恰恰很看好这女孩。第一，她爱学习，虽然才一年级，就认识很多字；第二，她懂得关心他人，知道照顾小弟弟妹妹；第三，她家里虽然条件不怎么好，但是家人都很热心，在她们家里，家人天天都围在一起吃饭，这一点代表着她有着健康的家庭观念。

冬天冷的时候，我会带着两个孩子，还有别家的孩子们一起去她家串门，五六个孩子一起做手工。

社会中有很多的分层，有很多的群体划分，而孩子们的心灵是纯真的，他们需要通过自己的眼睛，去看待身边不同人的生活方式，他们也需要建立起自己对于人的评价系统。我相信，这个评价系统不应该是成年人的那套标准。其实，越是当孩子们用"不势利"的平常心去看待周围的人与事，他们越会从中获取到一种意识：平常心。

他们会知道，这个世界上有很多种生活方式，每一种生活方式，人们都可以努力获得幸福。尽管按照收入、职业等方式对人群进行分类是商业社会的习惯，但获得幸福是每一个群体都在努力追求的。孩子们会学习到努力奋斗，但他们不会以成功作为唯一的指标，他们会体验到作为一个人，生活是那么丰富，有太多的领域可以去探索，太多的有趣事物可以去追寻。

　　具备平常心的孩子，他们面对生活的风浪与起伏时，才会拥有一颗强大的心灵。他们知道，无论社会以什么样的方式来对人群进行分层，每个人都可以凭借自己的努力，独立、坚强地去为自己想要的生活奋斗，他们会在保有内驱力的同时，变得更加平和包容，理解各种生活方式。

第五节
▶ 孩子消费中的一些常见问题处理

一、当孩子出现攀比行为时怎么办?

1. 不要否定孩子追求美的倾向,而是在此基础之上,鼓励他关注其他方面,比如内在美。

2. 鼓励孩子,以自己可以努力的方式,让自己变得更好。比如多吃饭,就会长高变美。

3. 鼓励孩子发现自己的优势,这样他就不会通过消费比较的过程来证明自己。

4. 在孩子比较小的时候,我也会采用一些童话的方式,让她们充分意识到自己的重要性和独一无二。能够确认自己存在价值的孩子,比较不会通过消费来证明存在感。

二、孩子总是买便宜的垃圾零食怎么办?

隔壁小区卖酸奶的大姐说:"我们家孩子,总是要去买那种五毛一包的零食,怎么办呢?"

"要不然,就给他看看那种零食生产工厂的照片吧,他就会尽量不去买了!"我回答说。

告诉孩子们不要去购买,他们可能形成不了感性认识,但是如果可以在他们面前呈现照片或者视频，把关于消费不健康食品带来的潜在危险告诉他们，孩子们更加容易形成明确的认识和观念。

回家的路上，航航对我说："妈妈，那么你能不能给我看看那样的图片呢？为什么那样的零食不能吃呢？"

"好吧。"我马上答应道，回家后给她们看了相关的节目。我相信之后她们会明白，消费就是一种选择，而每种选择都代表着一种态度和可能。

我常常和孩子们一起逛超市，买零食的时候会和她们说起零食的指标，比如"钠含量"，如果注意到钠含量，就会在选择零食的时候，避免购买那些钠含量太高的产品。这种对于产品的初步认识会让孩子们更容易建立起自己的消费观念——选择健康而质量有保障的产品。

孩子们的消费需要父母的信息分享，也许他们在一开始不一定理解，但是随着他们慢慢长大，健康消费的观念也会对他们起到重要的影响。

三、孩子们买东西什么都想要怎么办？

通过购物游戏让孩子管理欲望与需要。

在超市中，在文具店里，也可以训练孩子们的消费观念。我喜欢带她们一起通过一些小购物游戏来练习管理欲望与需要。

孩子们还在读幼儿园时，我因为答应了航航要买贴纸，所以带着两姐妹一起去了后门的文具店。

洲洲喜欢的东西，会很直接表明自己的需要。航航要进行选择，要思考一定时间，不过选择之后，往往很稳定；她也会做储蓄，留着东西以后慢慢使用。

我常常会带她们去文具店购物，给她们限定的零花钱，让她们采购自己需要的东西。有时候孩子们会玩小店门口的投币机，不知不觉把钱用光了，我也不提醒，可是她们说还要买什么的时候，我只是摇头。

通过简单的购物游戏，可以让孩子们知道，钱多少的重要性。要确定了自己的需要，才能学会做预算。

我们不光要学会取舍，还要学会形成自己购物的标准。孩子们在成长过程中最常购买的除了学习物品就是零食。和他们讨论购买零食的标准，他们就能够形成对产品的初步观念。

当然，购物游戏也有它的后遗症，那就是直到现在，孩子们一直都很喜欢买文具。家长们在制定策略的时候，可以通过一些虚拟购物，或者是带孩子一起去菜市场买生活必需品的方式来进行。

四、孩子们浪费食物怎么办？

"每一粒米上都住着一位神仙。"

这是我在看一本漫画书的时候，印象最深的一句话。

那本漫画书叫作《贫穷贵公子》，讲的是一位家庭贫困的少年，到自己同学家打工时，看到有人浪费粮食时说的话。

有一段时间，孩子们常常会剩饭。

吃饭的时候，我先给她们讲了那个著名的浪费粮食的故事：他在有钱的时候浪费粮食，后来贫穷了，是那些收集了他浪费粮食的乡亲们救了他。

两个孩子若有所思地听着，最后"喔"了一声。

"妈妈，再给我讲一个。"航航说道。

于是我又开始讲著名的那句话："每一粒米上都住着一位神仙，如果小朋友爱惜粮食，神仙就会很开心，否则神仙就会很生气的。"

航航说："如果我们把米吃下去了，神仙会痛吗？那么我们还是不要把米都吃光了……"

我脸色一变，赶紧忍住说："不会的，我说的神仙是精神上住在米粒上，在精神上守护着米粒。"

后来我总结了，还是因为给孩子们煮的分量太多了，应该是孩子们吃得有些欠才好。我后来煮饭就刻意煮少一些，有时候煮玉米给她们吃，也尽量比之前的习惯分量少一点，这样会让她们知道食物的珍贵。

归根结底，父母应该培养孩子惜物的态度。

我会很惊喜地在孩子们面前说："快来看，这条裙子我穿了十年唉！"我喜欢的物品会一直留存，不会因为它变旧而厌弃它，会想善待自己真正喜欢的物品。

我想用自己的态度告诉她们，这世间的一切可以为我所用，但并非为我所有，珍惜这一切，才可以好好地与这世界相处。

惜物与拜物主义的区别，在于前者用情感善待手中的物件，而后者只是渴望拥有那刻的满足，不会真正珍惜自己所拥有的东西。归根结底，拜物还是因为没有和世界建立起真正的联结，而只停留在不停索取的阶段，一个内心丰盈的孩子，是很容易满足的。

奥地利经济学家门格尔、英国经济学家杰文斯、法国经济学家瓦尔拉先后于 1871 — 1874 年提出边际效用价值论，认为商品的价值取决于人们对它效用的主观评价。

人们在消费一种商品时，每增加一个单位，增加的效用就递减；最后一个消费单位的效用最小；决定商品价值的，不是它的最大效用，也不是它的平均效用，而是它的最小效用。门格尔的学生、奥地利经济学家维塞尔首先称这最小效用为"边际效用"。

边际效用的定理认为：

1. 欲望或效用递减定理，即随着物品占有量的增加，人的欲望或物品的效用递减；

2. 边际效用相等定理，即在物品有限的条件下，为使人的欲望得到最大限度的满足，务必将这些物品在各种欲望间作适当分配，使人的各种欲望被满足的程度相等；

3. 在原有欲望已被满足的条件下，要取得更多享乐量，只有发现新享乐或扩充旧享乐。

边际效用价值论的意义，在于让我们认识到消费的递增是无法给我们带来持续快乐的。与其通过消费来拓展享乐，不如让我们一起来思考，更加有意义和价值的休息方式。

《三联生活周刊》杂志关于茶道的报道中，有些细节很让人吃惊，在日本京都的茶都流派中，有的烧水壶，包括铁链条都会成为被珍藏几百年的物品，要非常重要的节日才会拿出来，而有的茶人，会终生都使用一个属于自己的壶，这在今天是不可思议的。

今天的社会太过于看重我们对物品的占有，这反而会让孩子们形成对物质的追逐。物品占有越多，并不意味着越富足，反而可能会带来内心的空虚。

当航航和洲洲有物质需求时，小小的正当需求我会满足，比如一块糖果和一支笔，就可以让她们很快乐，至于购书的消费，我更是毫不吝惜。但是，如果说到要买一些大件的物品，包括溜冰鞋，还有滑板车，都必须要等到生日或者过节才会满足她们。我希望通过这种方式，让她们对物品的获得有一种仪式感，从而学会珍惜物品。

又比如说，她们特别喜欢一种杂志，而我答应给她们在淘宝上买全年的过期合集，在这个过程中，我要求她们必须连续十天表现良好。而她们得到书的那天，在家中，外公外婆还有爸爸，还伴着音乐为她们举行了一个授书仪式，讲了话，鼓励她们继续好好表现。

通过对物品的珍惜，通过一种仪式感，我们可以建立起与物品之间的深刻情感，不仅仅将它们作为一种消费品，这也让我们可以从物品当中发掘出更多的可能性。而这，也是创造性的一种体现。

五、当孩子吵闹着要买某样东西时怎么办呢？

1.待小孩情绪平复之后，分析当时的场景，并且协商一些可行的方案。

2. 用幽默的方式，鼓励其尝试委婉的表达，帮助他理解自己和他人的情绪。

3. 财富教育中最重要的，往往并不是金钱，而是对金钱的态度。金钱可以让人变得自私，也可以让人变得无私，这中间的分寸拿捏就是让孩子明白——钱不是最终的结果。

4. 在与两个孩子相处的过程中，我也一直在摸索提出请求的方式，让她们更好地表达自我感受的方法。

航航很想要一块橡皮，没有马上得到满足，于是她就开始哼哼起来。

外公很心疼她，说："要不我们马上去买！"

但是我是不同意的，我说："沟通和表达的方式要清晰才行，如果只会自己在那里哼哼的话是不行的。"

航航很生气，一直带着情绪，直到我承诺次日给她买，她还是不太高兴。

"给你们买点儿坚果吧……"我说。

有时候，妈妈也会做小小的妥协，知道孩子只要有一点点小小的食物的甜头，就会非常高兴了。

直到晚上睡觉前，我给航航讲故事——平时我都陪着洲洲，爸爸陪航航。

这时候，航航说话了："妈妈，我想请你给我讲故事讲到我睡着，因为平时你都陪着洲洲，都没有陪着我。"

我听到航航这样说话，高兴起来了："航航，这次你表达非常清晰，说出了你内心的感受啊！"

虽然对自己分身乏术有些歉意，但是航航这样清晰地表达情绪，却让我非常高兴。我给航航读故事，读着读着她就睡着了。

前面我们讲到了孩子消费中的五种常见问题，而对于这些问题的发现，其背后本质正是引导孩子们认识消费与外在世界的关系。

正如日本学者三浦展在《第四消费时代》中所写："人们追求的是能让人生和时间充实的消费，而不是耗费人生和时间的消费。……对人类来说，最大的问题就是如何度过人生，无论是浪费人生，以筋疲力尽、毫无成果的方式告终，还是度过充实的时间、带着满足感告终。"

在消费过程中，即使是稍微注意小小的细节，也会为这个世界作出一点小小的改变。比如选择尽可能简单的包装，我们就在为地球也在为自己尽一份力量。

而这些观念，最有必要传递给孩子们，因为这决定了他们是不是能够让我们未来的地球变得更好。

豆瓣"不要买|消费主义逆行者"小组已经聚集了超过十五万名组员。这十五万"理智鹅"们互相评点分析服装、日用品、玩具等商品的购买必要性。不少人根据自己的经验总结出一套"不要买"清单，也有人分享一些克制消费的小技巧，比如回归二十世纪九十年代的消费习惯、用小红书拔草而非种草……

在全世界范围内，有许多人正在体验没有消费的生活，开始了为期七天到一年不等的"不消费挑战"。挑战源于《不消费的一年》，此书的作者凯特·弗兰德斯坚持一年不消费之后，攒下五十万元、减重十三公斤，并找回了快乐的自己。

　　自然，我们不必勉强自己成为不消费主义者，但我们要给孩子更多的选择，让他们知道，生活可以有更多的选择权，学习健康的消费，寻找幸福的自己。

◀

第六章

学会分享

　　我们为什么要有钱呢？金钱除了可以让家人生活得更有安全感，还可以向社会捐赠，帮助那些需要帮助的人们。而一个文明的社会，需要培育起拥有健康金钱观念的下一代。

　　在香港旅行时，在地铁站口，我看到有一个志愿者抱着捐赠的箱子，在为公益事业募集善款。

　　我还在身上四处翻找零钱，他却拿出两个硬币来，我不知道他拿硬币给我是做什么，发呆地看着他。

　　他对我说："把这个给您的两个孩子，让她们放进箱子里吧。"我迟疑着照做了，塞了两个硬币到航航和洲洲手中，让她们投到前面的捐助箱子里面。

　　孩子们奔向那个箱子，把硬币投到箱子里，那位志愿者笑着对她们说："你们帮助了这里的需要帮助的人，谢谢你们！"孩子们脸上露出喜悦的神情，跑过来问我还有没有零钱。

　　这时，我才意识到，这其实是培养孩子们从小付出的习惯的一个最好办法，当孩子们听到硬币掉落到捐助箱的那一刻，她们就开始养成付出的习惯了。而这个习惯越是从小时候开始，就会越巩固。

　　我又给了她们几个硬币，让她们继续投进箱子里，这个时候，孩子们都表现得非常积极。

学会付出，学会捐赠，看起来似乎和财商关系不大，其实这才是创意财商的真正智慧——让资源流动起来，财富才会以最有价值的形式存在。

我和孩子们一起玩《现金流》游戏，那是我刚刚开始学习这个游戏，游戏上面有一个选项：捐出你当月工资的一定比例去做慈善公益，你可以获得多扔一次骰子的机会。

后来经过几轮游戏后，我发现其实这个选项非常关键——如果你选择了捐赠，那么后面的几轮扔骰子你会有更多的先机。

虽然这是个游戏，但我想游戏的设计者想要传递的理念却是关于金钱的健康流动——越是积极地使用它，让它去帮助社会，帮助那些需要帮助的人，它越会积极地服务于你。

第一节

▶ **不只是享受爱，还要学会付出爱**

父母们的爱常常强烈到他们认为自己单方面的付出就是爱的表达，但其实在成长中，父母也要为孩子们创造机会，让他们学会给予。

当孩子给予父母礼物的时候，父母不要推辞责怪，要坦然地向孩子说声谢谢。这样也会让他们获得付出的快乐。让孩子们感觉到，他们是父母的守护天使，孩子们也会真切感受到原来父母也是需要他们的。

有一位同事，她家的女儿才九个月，她抱着孩子站到玻璃窗前，女儿的爸爸在擦窗户，她告诉女儿说："看，孩子，那就是擦窗户，很好玩的，你长大了一定要好好学喔。"

让孩子成长起来，父母才能真正被解放。而在这位同事的教育方法中，她在点滴地影响着女儿，让女儿感受到能够承担家务很有意义。

那年暑假，我全职在家带两个娃，家里老人回去了，常常就会很忙。当我很忙的时候，只好让两个孩子大闹天宫。这时我想，必须要让孩子自立。

于是还没满六岁的航航在暑假学会了独立地喂金鱼、浇花，看着她很积极地端着水跑来跑去，我很是欣慰。更不用说她还学着照顾妹妹。当然，妹妹也很不错，学会了自己洗碗。

我对航航说："你一定是上天派来的天使，让你好好地守护我们的，不然为什么总感觉你在好好照顾妈妈爸爸。"

航航说："我记得的。"

"记得什么啊？"我问。

"在天上的时候，有神仙对我说，你到了爸爸妈妈家里，要乖，要听话，要好好地照顾他们，让他们开心。"

我心中很是感动。

"妹妹，你还记得吗？我们在天上，还没有到妈妈肚子里的时候，我们都听到神仙对我们说，要听话，要守护爸爸妈妈的，对吗？"航航转而问洲洲。

洲洲迷迷糊糊地点了头。

分享，尤其是在最亲密的人之间，会带来更多的爱与温暖。让爱的表达流动起来，孩子们才会真正感觉到自己是有力量的，可以付出爱的。

第二节
▶ 分享意味着什么？

孩子们小时候，围绕睡哪个房间、和谁一起睡的问题，我们常常会协调好久。中午，常常是把洲洲哄睡了之后，再让航航上床，可是有时候航航太兴奋了，大家就都睡不成。每一个细小地方都会影响到全局。

晚上呢，则是航航和奶奶一起睡空调房，洲洲和我一起睡在风扇房。

有时晚上，我先带洲洲去睡觉，问航航愿不愿意和奶奶一起睡，她说："我要和妈妈睡。"

"可是妹妹太小了，她一定要妈妈才睡……"

于是航航说了一句："那我要住空调房。"

"好，答应你。"我感觉到航航的朴实，这样的要求其实很无奈也很简单。

洲洲一下子扑进我的怀中。但是进了房间，她却不停地说："我要睡空调房！"好像刚才姐姐的小小要求刺激了她内心的愿望，所以一直哭闹了二十来分钟。

"不可以。我不会同意的，我不愿意去那里睡觉。你有你的选择，我有我的坚持。"

洲洲哭得更加大声了。可是我已经下定决心，就是要让洲洲体会到，凡事都有规则。

"我小时候，特别想要有一个兄弟姐妹，这样有什么事情的话，就可以互相照料。有一个兄弟姐妹的话，可以学会很多事情，知道一个家中，需要考虑到大家的需要，需要考虑到彼此的感受，而不是完全按照自己的性子来。

"你知道，外婆小时候粮食不够，家里有一些玉米，她就和祖祖一起只吃玉米核，然后把玉米让给舅公吃，因为是家人，所以考虑到彼此的需要。"

这时候，洲洲已经知道了妈妈的底线，已经倒在我的怀里，然后低声问道："妈妈，讲爷爷的故事。"

"爷爷小时候，他的爸爸妈妈很早就去世了。他和哥哥成了孤儿。那时候爷爷只有七八岁，家里的哥哥不愿意去借粮食，他就出去借粮食回来做饭，照料自己的哥哥。"

"讲讲奶奶的故事。"

"奶奶家里有三姐妹，可是就只有奶奶一人留在家中，那时候家里人口多，负担大，家里有六七个人要供养，奶奶就这样担当起家庭的重任。

"妈妈特别羡慕洲洲，有一个这样爱你的姐姐，其实姐姐也非常想和妈妈一起睡，可是因为爱洲洲，知道体谅彼此的需要，她就只说了要睡空调房。洲洲也应该考虑到姐姐的需要，这样才是一家人。一家人就是相互体谅，彼此照料……"

洲洲又哭了起来，但我知道这次她不是撒娇，而是理解。

虽然只有两岁八个月，但是洲洲已经能听懂妈妈话中的深意了。

妈妈紧紧地抱住洲洲。那天，洲洲就在我的怀中，在风扇的呼呼风声中睡着了。我想，洲洲一定明白了妈妈的底线，也懂得了规则。

首先，分享意味着理解别人的需要。

未来的世界，懂得分享的孩子会拥有更多的机会。因为信息资源垄断的时代正在慢慢过去，未来的信息是呈几何数级增加的，当你愿意分享，信息不会被损耗，才会带来更多的机会。

分享也让孩子对金钱没有那么执着，他们和金钱的关系一定是轻松的，他们会明白，工作挣钱是重要，但是坦然地去分享自己的财富，也是生命中的一种自然状态。越是这样的孩子，他们越能轻松地建立和金钱的关系，他们不为金钱财富，但金钱因为他们的积极和努力，会自然而来。

这也是"我们为什么要有钱？"的其中一个答案：为了分享，为了选择的自由与轻松。

其次，分享意味着把蛋糕做大，意味着打开既定的框架，告别内卷，寻找更多可能性。

草地上有一群羊，有的羊不知道还有远方，它们只看到了眼前的一片小小草地，对它们而言，这就是资源的全部。它们为了有限的资源而争吵争夺，这让资源变得更加紧张。而每只羊都变得瘦弱，生存机会也减少了。

如果有一只目光长远的羊，它看到了远处的山峦有全新的草地，它先是自我激励，进而带动了整个羊群，它们开始向着远方的草地进发。资源因为更加开阔的视野、共同的努力而变得更加充沛，带来了更多的可能性。

同样，在财富的创造过程中，最应该考虑的是如何一起去寻找全新的草地，而非陷于对眼前草地的争夺。

就像我和孩子们去练摊，一开始只有我们在路边摆摊，所以交易量很少，而且向客人解释起来也比较困难，后来我们和很多家庭一起来做跳蚤市场，反而发现成交量增加了。这是因为信息资源的集中，带来了更多的机会。

我希望孩子们在这个过程中，慢慢去领悟这点，从而拥有更广阔的视野，以及对于远方草地的洞见和想象力。

在创意财商领域，视野和想象力意味着一种资源支配调度的方式，它不只包括金钱的使用，也包括对自己的精力和时间这些综合资源的规划。

再比如，我们总说人生的格局决定了孩子能够走多远，那么人生的格局是什么呢？

两个小孩子，一个孩子最关心的问题是"今天中午吃什么，到底谁来付钱？"，另外一个孩子提了一个问题："在这个世界上，是不是还有一些孩子没有饭吃？"

不同的考虑角度，会决定将来他们人生的可能性。

在杭州，有一对80后夫妻，老极和小猪。在儿子辛巴出生后，既没买学区房，也没报学前班，他们带着孩子环游世界去了。

这一家三口，在辛巴三岁的时候，用一百八十五天，途经十二个国家去北极看北极熊。辛巴五岁的时候，用一百四十六天，纵穿南美洲，去南极看企鹅……这家人的疯狂，可能大部分人都没法做到，但老极说："不见得大家都要去南极去北极，你可以去新疆，去西藏、莫干山、香山。旅行中充满了无限生动的教育，相比传统的学校教育、所谓的分数与考级，孩子那开阔的眼界、健康的体魄和富足的心灵，更难能可贵。"

在旅游的过程中，爸爸妈妈陪着孩子一起学习了语言，了解了世界各地的文化，也处理了很多的突发状况。孩子在这个过程中，有非常多的收获。

在旅行中成长的孩子，能够用更开阔的视野去看世界，他们不会只关心自己的钱包，更会关心他人。

2008年，我去了四川做震后志愿者，我发现在整个过程中，真正得到帮助的，其实不是那些孩子，而是我们自己。离开的时候，很多志愿者都哭了。

当我们付出爱的时候，其实我们也是在治愈自己。而且，拥有人生格局，愿意为世界付出的孩子，他们其实往往能够得到来自社会更多的支持，包括得到更多的朋友，得到更加纯粹的人与人之间的关系，而这些，都是单纯的金钱所不能带来的。

其实，早在我有自己的孩子之前，我就暗暗地发誓，等到我有了自己的小孩，我一定要带着他们一起去做志愿者，去非洲大草原保护狮子，去长河流域捡拾垃圾……如果带着孩子们一起去的话，一定要让他们理解，很多人在一起，就可以找到让世界更美好的方法。

航航快要六岁，洲洲三岁半的时候，西南医院的医生要举行一次"预防烧烫伤儿童公益讲座"，需要志愿者，"如果不嫌弃我们家孩子小的话，就让我们来报名当志愿者吧！"于是航航和洲洲成了整个活动中最小的志愿者。虽然她们能做的事情非常有限，但是她们积极地参与了宣传海报的创作，积极地表达了自己的观点。了解更多知识，她们才有力量去向周围的小朋友宣传这方面的知识。

国外大学的招生，非常看重孩子在社会中发挥的作用，这个标准，其实就是看孩子是不是拥有较为开阔的人生格局，能不能成为让世界变得更好的人。

那些能够为社会创造价值，那些能够考虑到社会的总体利益的孩子，会拥有更大的人生格局。小时候，家长带他们去看更加广阔的世界，让他们参与到社会活动当中，并且，让他们知道，付出与慈善是每个人都可以做的事，可以包括公益活动、慈善捐助等。不仅可以养成分享的习惯，个人的胸襟和视野也会因此变得越来越开阔。

用最少的金钱，与家人分享最多的快乐

林阿姨是一位美丽的女子，在我童年生活的小地方，她可以说是女神般的存在。她不仅仅人长得漂亮，生活也过得精致。

我记得在我很小时，林阿姨将红蜡烛熔化，然后裹在电灯泡上冷却，最后剥下来，做成一个个的花瓣。她把这花瓣装点起来，做成瓶花放在房间，在墙壁上挂着一幅幅的中国画，全都是她自己的作品，有雨打荷塘，还有梅花等。它们在我的记忆中那么美丽，完全掩盖了那斑驳的墙面。

她还非常喜欢编织，总能够织出各种花样来。她给我妈妈编了一件白色小褂子，花样是那么精美，妈妈一直保留到了今天。

她还组织镇上的节目表演。有一年春节，她带着我们去表演了一个歌舞节目，她唱歌，我们伴舞。我至今都记得她送我的闪闪发光的项链，那是当时很难得的文艺生活。

　　这样一位优雅的女子，在当时贫瘠的物质条件下创造了很多惊喜，带给周围的人很多美的感受。

　　直到今天，听母亲讲，她还是小镇人们心中的女神。我想，是那种在任何生活环境中，都寻找美的创造力，让她保持着生活的质量吧。

　　即使在废墟之中，也可以插上一朵小花；即使在贫瘠的土地上，也可以挖掘出甘泉。

　　那时的生活条件并不富裕，可是她是真正有创造力的人。

　　生活当中有很多温柔的细节，我们在这些细节中寻找乐趣，寻找意义。

　　航航小时候有个梦想就是早起做早餐。但说到做饭，家人却有种种的顾虑。一是因为航航要读书、要上学，时间比较紧张；还有就是因为她太小，煎炸煮等活动对她来说还不太安全。

　　有天早上，我起床很早，这个时候，我知道航航已经起床了。

　　"一起做早饭吧！"我对航航说，她马上很干脆地答应道："好！妈妈，你等等我，千万不要先煮啊！"我有些好笑，悄悄地把已经点好的火关了，把已经放好的馒头拿出来，放回到袋子里。

航航过来之后，我教她自己决定要放几个黑米馒头，放几个鸡蛋。

航航要去洗鸡蛋，却不小心打破了三个。

"怎么办呢？"她有些不好意思地看着我。

"有了，我们做香喷喷的煎蛋吧！"我就差打一响指了。

航航非常高兴地帮忙，我搬来凳子，她跪在上面，开始把蛋打进碗里。

"这个蛋，有些破了，扁扁的……"我一边小心地煎蛋，一边鼓励她打出一个更加漂亮的形状。

"妈妈你看，这个更漂亮，像是一个房子！"

"妈妈你看，这个更加漂亮，就像是一个红红的太阳！"

我和航航一起，做了三个漂亮的煎蛋，航航看着很眼馋的样子，我就让她先吃一个。

现在可不用催，她很快就吃完了一个，还自己捏了一小撮盐，撒在蛋上。

航航很满足的样子，然后去看贴纸书了。

后来，航航慢慢长大了，她十岁的时候，我们一起去了英国访学。那段日子里，八岁的洲洲负责每天洗碗，一天三顿的碗都需要她来洗，洲洲总是把碗洗得很干净。而航航一直在做早餐。每天早上煎鸡蛋、烤面包、热牛奶。洲洲和姐姐一起，也慢慢产生了很多烹调的小创意。

我们一起做草莓糖葫芦、饺子和包子，还一起研究一些新的菜谱。一直到现在，航航所选的常规的家务劳动仍是做早餐。

洲洲十岁的时候，学会了自己调制百香果汁、椰汁甜点，她喜欢把这些好喝的东西端到姐姐面前，然后看姐姐高兴地喝下去。

这些所费金钱不多，但却为家人带来很多的快乐。这种生活的创意是创意财商的重要构成部分。

创意财商是一种生活态度，不仅仅体现在艺术作品中，也体现在生活的方方面面，像是早饭中也存在着创意，包括做家务、布置家具，都有着各种各样的创意！

而积极地运用创意，能够让孩子们不是只借助金钱这一手段，同时还能够用更多的巧思，在生活中和家人一起创造幸福与快乐。

我有一位朋友，她和家人最享受的时光就是在周末坐着公交车，去一个他们家才知道的"秘密花园"。说是秘密花园，其实是一片荒山坡，在那里春季生长着山茶花，秋季生长着桂花。她和家人在天气晴朗的时候躺在草地上，一起晒着太阳，望着天空，忘记一切，享受着自然的拥抱。肚子饿的时候呢，他们拿出自带的盒饭，一边晒太阳，一边野餐。

生活中这样的巧思花费不多，但是它能带给孩子们"生活很美好"的感受。这样长大的孩子会更加有力量笃定地追逐自己的梦想，而不会成为金钱的仆人，他们更易成为金钱的主人。

第四节
▶ **孩子们需要归属感**

朋友的侄儿在十三岁的时候，便开始了自己的商业之路。

他在学校上晚自习的时候，发现有些同学在玩荧光棒，就去进了一批货，然后拿到学校边玩边销售，赚取了一笔收入。

有时候家中会有一些咖啡，他也会拿到学校去卖。首先是留一部分满足自己需要，然后，他去寻找朋友的帮助，问他们愿不愿意一起来卖掉这些咖啡。朋友们卖咖啡所得，他拿一部分提成，剩余利润归朋友。

其实这是一个较有商业意识的男孩，他成绩优秀，体育也很不错，是我认为财商教育较为成功的例子。

但他所受的教育未必是来自家庭有意识的教养，而是在环境中慢慢浸染的结果。

他生长的家庭充满了商业的意识，因此孩子一定会在这个环境中学习到很多东西。

男孩的商业头脑来自家庭的影响，也来自温州商人社区的影响。被称为"中国的犹太人"的温州商人群体，有很多出色的商人，他们是中国改革开放以来一个很有代表性的商人群体。他们获得成功是因为群体基因中的一个很重要因素：冒险精神。在环境变化不明朗的时候，他们敢于行动，敢于采取相应的策略去博取财富。

时代在变化，很多新的行业在兴起，旧有的商业模式也在被改写。孩子的视野既是家庭影响的结果，也会受到很多偶然因素的影响。外界的偶然因素在孩子的心中生根发芽，孩子也像是一枚充满了能量的小种子一般，破土而出。

温州是面对大海的地势，很多在海边生活的人们要想生存和发展，必须面对大海的不确定性，往往这样的人会更具冒险精神，在不确定中获得财富。

温州商人身上还有另外一种优秀的品质，那就是他们习惯抱团发展，他们相互之间能够支持，有独特的相互担保的方式。这也带给我很多思考。我认为，孩子们要学习这些优秀的合作发展的品质，可以从以下方面努力：

一、善用社区的力量

《异类》这本书里面总结了很多成功人士的共性：社区和

时代对人的发展来说，具有非常重大的作用，其作用远远超过人类本身的禀赋。

当一个家庭独自努力时，家长所能够聚集到的力量是有限的，但是当很多个家庭一同努力，他们所能够创造的就是奇迹。

从前，有一个果园，他的主人不遗余力地把自己的良种拿给周围的邻居们分享。有的人不理解他，他则解释道，只有整个地区的果树都有好的品质，那么蜜蜂的授粉才会带来更好的结果，才能有好的收成。

这个故事也像是养育孩子一般，整个社区就像那一整片的果园，只有积极凝聚整个社区的力量，才能够实现所有家长的梦想。

现在的教育体制，有许多是家长不能够改变的，我们也不能够凭借自身力量与之对抗。家长可以做的是建设一个更加良性的社区。这种社区的力量，会产生出意想不到的化学反应，推动孩子的成长。

社区的概念，其实不仅仅是指地理上的社区环境，也包括基于共同的信念、共同的目标而聚集在一起的家庭组合。这种社区，孩子们之间有更强的互动和黏性，孩子和家庭在社区中共同学习，共同成长。

要实现梦想的最好办法，就是把自己一个人的梦想，变成大家可以一起去实现的梦想。而当一个人有了分享、协同努力的胸襟和智慧后，他才可以发展得安好。

二、超越金钱的魄力与眼力

有一个很奇特的现象，越是富有的人，越是不愿意过多地讨论关于获取财富的话题，他们更加关心的，是情怀，是公益，是梦想。

这些字眼被提出来的时候，有的人会觉得他们矫情，但是我恰恰认为，这应该是他们发自内心真诚的想法。

人要活得充沛且自在，就要认识自己的需求，建立和财富之间的互相信任的关系，也就是说，你与金钱之间，不会有那种"恶狠狠"的感觉。强烈的未被满足感，会导致对金钱的过度渴求，而在拥有金钱之后，也易形成"恶狠狠"的报复式消费。

最理想的与金钱的关系，应该是柔和的、互相信任式的，即你不会担心自己缺少财富，同时，你会为了生活保障而付出努力。你善待金钱，也得到了金钱的善待。

我大学期间，有这样一位同学，她的家庭条件并不是很好，父母每个月都定期给她一笔生活费。她有时节俭到连水果也舍不得买来吃，鞋子都漏水了也想不起来去换一双，但是她总是乐呵呵的，只要有漫画书可以看，她就觉得生活很幸福。

她从来没有为金钱苦苦挣扎，后来她写故事，写小说，挣到一些稿费，虽然不多，但足够她过着悠闲的生活。

她觉得自己不需要富可敌国，与金钱之间的关系是很平和的。当自己需要的时候，有通过努力获取金钱的能力。

"我们与金钱的关系，其实反映了我们与父母之间的关系。"的确是这样，也许对这个同学而言，是她的父母无论多么贫穷，从没有让她感觉到匮乏。

而严重的匮乏感，会反映在对金钱索取的态度上。"无面人"用金钱去满足所有人，却只是为了得到爱，他不停地吞噬着各种各样的东西：神明、垃圾、人类……却总也填不满自己。

真正重要的财商，归根结底就是教我们学会如何爱与被爱。

三、认识自己的文化，懂得传承与创新

要让孩子懂得，爱是一种传承，是一种传统，是一种本能。任祥的《传家》是一本属于中国人的生活百科全书。作者任祥在自己的儿女陆续前往美国求学时，为了让他们记住中国人的传统，耗费数年完成了这本精致的大百科。

事实上，传统的重要性在于它为我们建立了坚定的自信。

在英国访学时，我刚刚移民到英国的朋友晓晓就一直在努力为九岁的女儿建立关于传统的记忆。孩子九岁以前一直在中国南方读书，去英国一年之后，不知不觉，她的中文开始退步。为了让孩子不要忘记自己的根，原本在国内很少过腊八节的晓晓开始准备了。她费了很大力气，在英国北方小镇上采购到了要熬腊八粥需要的各种材料，熬成了浓浓的腊八粥，然后告诉孩子说："这是我们中国人的节日，可不能忘本。"

不只腊八节，还有元宵节、清明节，根据时令，晓晓努力在异国小镇上给孩子创造与传统的联接，也在为自己的孩子创造一种归属感。

在英国，大多数的华裔家庭还是希望能够把孩子送到中文学校，希望他们能够学习一些中文。这背后的原因有一点很肯定：只有真正接纳自己的来处，内心才能够建立一个笃定的自我，否则孩子将会面临极大的文化冲击与内心的不稳定。

归属感是一种情绪，也是一种情感。归属感是指个人感觉

被别人或被团体认可与接纳的一种感受。归属感不仅仅是指一个家庭、一个社区，更是指一种文化。

美国著名心理学家马斯洛在 1943 年提出"需要层次理论"，他认为，"归属和爱的需要"是人的高级心理需要，只有满足了这一需要，人们才有可能"自我实现"。

同样，拥有归属感，知道"我"归属于"我们"，在这种情况下，人们会更加愿意和自己的群体分享所拥有的资源。

第五节
▶ **从家庭、社区再到全社会的分享**

马丁·塞利格曼在《持续的幸福》中写道："有些富豪积累财富，然后举办惊人的慈善活动，把它散去，比如从最开始的约翰·洛克菲勒和安德鲁·卡内基，到现代楷模如查尔斯·菲尼、比尔·盖茨和沃伦·巴菲特。洛克菲勒和卡内基的后半生都在忙着把他们前半生赚来的钱捐给科学、医药、文化和教育事业。他们为自己的后半生创造了意义，但在前半生，他们是为了赢而赢。与这些'捐赠者'不同，还有一些'积累者'，他们相信，谁在最后积累的东西最多，谁就赢了。他们的生活是以赢为中心。他们输的时候，简直一切都完了，而且他们从不会把东西给出去，除非是为了赢得更多的东西。不可否认，这些积累者和他们建立的公司帮助许多人谋生计、建立家庭、创造自己的意义和目的，但是，这些只是他们追求赢的副产品。"

从这段话中可以看出，幸福不仅仅来自对金钱的追逐，更多来自对资源的分享。一个心灵健康的孩子，不仅仅是在享受社会资源，同时也和家人、社会一起共同分享自己的财富。他们追求的更多是一种人生价值，而不是对金钱的累积。这也呼唤我们家长重新认识金钱的意义、分享的必要性。

一、金钱的分享背后事实上是对拥有资源的自信

不匮乏的情况下，才能真正地分享。让孩子感受到自己拥有赚取金钱的能力，比如在洲洲九岁时，我和她一起合作发表了一篇童话，得到了稿费，我告诉她说："你看，通过创意可以挣钱喔！"航航小时候得到的科学创新大赛的奖金，我们也全部都交给她，还对她说："你看，创新可以挣钱！"

通过这些最初的正向反馈，孩子们可以建立起初步的自信，不容易感受到匮乏。

二、让孩子们形成金钱为我所用的意识，不仅要储蓄，也要让金钱为身边的人带来更多的幸福感

爸爸妈妈不仅仅是付出的那一方，也可以享受孩子回报的快乐，哪怕孩子还很小，也要注重她们的小小心意。五岁时，航航自己准备了一个白色的小背包，里面塞满了自己收到的红包，所有收到的钱，她一张张小心地把它们收好，放到里面去。

虽然把红包看得很重，有时候看到长辈给出红包就忙着伸手出去要，也不知道推辞一下。但航航和洲洲对金钱的关注，我认为是应该的。

不过，仅仅拥有金钱也不行。我在给孩子的外公外婆还有别的老人红包时，让航航看到我把钱包在红包里，然后分别指派她们去给老人发钱。外公笑得脸都开成了一朵花，我想那是因为这是外孙女给他发的钱吧。

此外，我还主动向航航要了一个红包。

"孩子，你有没有想过给我和爸爸一个红包啊？"

航航听我这么一说，就把自己的钱抽出了五张红色的，放进了红包里，递给了我和她爸爸。

生命中第一次收到航航给的红包，真的很幸福。

碰到孩子们管我要红包时，也会把自己的苦恼和孩子们讲讲。

"航航和洲洲，妈妈发出去了好多钱啊！你看，这是支出的红包数……"我指给她们看我记下的账目，"这是你们收到的红包数……也就是说，妈妈的钱花得好快呀，妈妈真有压力啊！"

"妈妈，不要哭……"洲洲紧紧地抱住我，"我爱你。"

"妈妈，没有什么的，平静一下，过一会儿就会好的。妈妈，你到窗帘那里去躲起来，等自己心情好了再出来吧。"

"妈妈，我们爱你。"孩子们紧紧地拥抱了我。

那时候，感觉到幸福的我，忍不住趁机说出了最重要的台词："那不要再管我要红包了吧？"

航航很无辜地说："可是，妈妈，我看到别的孩子收到了你给的红包很幸福，我也想要那么幸福。"

"其实你是喜欢收到红包的感觉，不在乎多少钱是吗？"我补充。

航航点点头，于是我从钱包里抽出两张钞票递给她们。一张给航航，一张给洲洲。的确，我给了很多红包出去，却没有给自己的孩子红包。她们可不能被我忽视啊！

三、让孩子们感受到分享的快乐，强化正向的体验

孩子不愿意分享的时候，不要勉强，要鼓励孩子敞开心扉，勇敢地向世界表露自己，最关键是让他们明白，资源不会随着分享而减少，只会随着分享而增加。

在航航四岁时，她小心地把她的零花钱收了起来，放在一个小小的蓝盒子里面。有十块的、五块的，还有一块的。

我和孩子爸爸带着洲洲和航航一起去上早教课，回来的路上，在金灿灿的银杏树下，航航和洲洲奔跑着，这样的画面太美好。

出了小区，航航对我们说："我答应了妹妹，要请她坐摇摇车！"

于是，她跑到小店，拿出了她的蓝色盒子。我看看上面的费用，说："两块钱，买三个币，坐一次。"

航航从盒子里数出了两块钱，给自己换了币。航航帮助妹妹坐上了摇摇车，自己也爬了进去，她的表情那么自信而满足。

这是孩子们与家人之间的分享。有时，也要鼓励孩子们和陌生人之间的分享。

航航五岁多、洲洲三岁多时，孩子们在小区的跳蚤市场上卖气球得了几块钱。最后大家都收摊了，只剩下我们一家，我还坚持着。孩子们也很耐心地等着我。一个老婆婆过来，她问我们玩具小拖车的价格，犹豫一会儿，买走了我们的扬琴，这是九元钱的收入意外的惊喜。我很开心地把钱分给了两个孩子，然后让航航把气球打起来，然后扭成各种形状，送给孩子们。

这是航航第一次自己扭气球，她刚开始弄破了一个，有点害怕，我告诉她没有关系，于是她开始自由地创作，做了一个三叶草送给妹妹，又做了其他各种形状，送给一个个路过的孩子们。

虽然跳蚤市场是为了卖出自己的小东西，但此刻可以把气球免费送给大家，孩子们也得到了很多的快乐。

这次跳蚤市场的收入大概是三十块钱，但是孩子们愿意和小朋友分享自己的气球，并且积极地去参与创造一个产品。这算不算有了一点点盈余之后，就开始回馈社会呢？

四、懂得在家庭中，每个人的需求都需要被看到，这样才能够充分感受到幸福

航航幼儿园的时候，她得到了绘图大赛的优胜奖，有一笔奖金，于是航航就用这笔钱请大家吃了顿大餐；洲洲小学三年级时，获得了一笔稿费，她也用这笔钱请大家吃了饭。

在一起庆祝的时候，我们都会恭喜孩子们："祝贺你！"而孩子们也渐渐养成了和家人分享喜悦的习惯。

要让孩子感受到，家中的消费会照顾到不同成员的需要。比如，给外公买泡脚粉，妈妈为她们采购奶粉，也时不时带着大家去外面的饭店感受一下全家聚餐的快乐。

五、要让孩子感受到自己与社区、传统之间的联系，要让他们了解自己的来处

春节、清明、端午、中秋……所有的传统节日，要带她们了解风俗，要让她们明白节日的意义，要让她们了解自己的来处，这样她们才能找到自己的去处。

每个节日，都给孩子们讲自己民族的故事和传说，要让孩子们了解我们的灿烂文明。

事实上，培养孩子分享金钱的意识非常重要，这并不是说让孩子乱花钱，而是让孩子意识到，金钱并不是用来守着的，而应该用来适度消费，用来带给自己和家人快乐。

六、在重要的节日和家人生日，鼓励孩子用自己的钱为家人购买礼物。不过，孩子如果不愿意，也不用勉强。可以让她通过这样的行为意识到金钱的作用

有一次，航航和我们一起去逛街，她要给爸爸买一个行李箱。

我心中一动。是啊，航航很细心呢，知道爸爸没有行李箱。

爸爸接电话时，说不用买，价格太贵了。

我问航航愿不愿意用自己的压岁钱为爸爸买箱子，她笑着说愿意啊！于是，这就成为了航航当时为家人送出的最贵重的一件礼物了。

家长们要学着接受孩子们送出的礼物，并真诚地道谢，这是对孩子们分享积极的反馈，让他们体会付出收获的幸福。

第七章

关心家人的需要

创意财商，会让人面对金钱变得从容，既不会仰望，也不会刻意鄙视，能够驾驭它。拥有创意财商的孩子，会比较平和地面对金钱，他们与金钱关系良好，往往财富也会不期而至。

创意财商就是这样一种平衡，平衡家庭与事业，平衡自我与社会的能力。

小胡常常拿婆婆和自己的妈妈比，婆婆很喜欢钱，来自农村的她总是念叨，谁谁谁又给了爸妈多少钱，谁谁谁又给爸妈买了什么东西。

小胡不明白，为什么婆婆这么爱钱呢？而她的亲妈不光对他们小家庭毫无所求，还总是为他们考虑，希望他们过得更好。

小胡内心对婆婆有很大的意见，她觉得惦记着孩子给钱的习惯太不好了。

后来，小胡就和老公发生了争吵，还是为了两个长辈。

"我就不明白，为什么你妈妈这么爱钱？"

"爱钱有什么错？她在农村一直穷怕了，觉得拿到钱有安全感，而且左右邻居都有比较，你总要允许她有一些面子吧？再说，你妈妈不也是迷信保健品吗？买了那么多，有意思吗？"

"我妈妈说要锻炼好身体，就是在为我们家省钱！"

　　小两口的争吵持续了好久，谁也说服不了谁。

　　直到后来，小胡他们自我反省之后，决定作出一些改变，主动在逢年过节时给婆婆和公公包一些红包。这样一段时间之后，婆婆反而变得容易满足了，她也不再通过要钱的方式来获得安全感。

　　在家庭当中，每一种需要都是值得被看到的。因为需要没有对与错，它只是我们在生活中慢慢形成的惯性。很多时候是历史的成因，很难在当下改变。

　　作为家人，我们要看到这种需要，并且尊重这种需要。也许，我们可以慢慢地对家人产生影响，但那是一个渐进的过程。不要刻意地想要改变对方，当你尊重对方的需要时，你会发现这些原本的"缺点"都变得容易接受与理解了。

▶ 家庭与社会的平衡关系，带来个人的幸福感受

有一位外企公司的高管，她在城市里安了家。

她先帮助大学毕业的弟弟在城里找到了工作，又帮他付了首付的房款。

在国外工作后回来，她的理念也受到了西方的影响，可是对她而言，这样做是基于亲情的牵挂。她能够从中感受到因付出而得到的成就感，在她未感觉到负担过重时，这也是一种家庭平衡的方式。只是，如果当这种付出没有止境，她就很容易变成电视剧当中的"扶弟魔"，容易失去自身的动力。

弟弟顺利地在城市安下家来，买了车，买了房，也结了婚。她却和弟媳的关系搞得很僵，到后来她甚至和弟弟一家断了往来。起因可能是生活中琐碎的小事，背后却有着深层次她没有意识到的原因——她付出得太多，总希望在情感上能够得到更多回报，当现实没有达到她的预期时，就会产生强烈的愤怒。

这种愤怒，是来自她自己一直付出，自己的情感需要却没有被看到，也来自她内心被忽略的自我的愤怒。

太累的人，是无法充分感受到幸福的。不让家人太累，也意味着看到自己的需要，不要让自己太累。

家庭中的幸福感，和家庭中每个人都息息相关，只有每个人都感觉良好，家庭中的氛围才是愉快而和睦的。这其中最具有挑战性的，就是无论丈夫、妻子或者是公公、婆婆，大家都来自不同的原生家庭，拥有不同的价值观念，也包括消费观念，就会涉及不同理念的相互适应问题。

怎样在这些不同观念中寻找平衡呢？最重要的是建立起"让大家都不累"的感受。

"让大家都不累"，意味着在家庭与社会的观念当中，要尊重大家既往的经历，也要看到大家的差异性，并建立起家庭成员都能够接受的较平衡的相处方式。

中国家庭和美国家庭会有一些不同，美国家庭边界更加清晰，有时甚至会显得有些冷漠，但不容易显出负累感，但不足之处就在于当你需要家庭支持时，这种边界会让你感觉到孤立无助。

中国人更重视亲情和责任，但有时也会带来负担。没有边界的付出，就如同《欢乐颂》当中的樊胜美，她为家庭所拖累，难以追寻自己的幸福。对这样的人来说，划清与家庭的边界是第一步，明白重要的是自己健康而独立地活着。

在这个前提下，我相信有清晰边界的付出是值得的。我仍然相信传统的价值，家人之间的相互帮助，是最大的支撑。在变化激烈的社会环境中，在寻找到安全感的道路上，如果说制度还没有办法保障充分的安全感，那么来自家庭的支援，是弥足珍贵的。

在我公婆生活的四川乡村，有一种"帮办"制度。"帮办"制度更有助于分析中国式家庭和社区的逻辑原则。

"帮办"指哪家乡亲有红白喜事、需要大量的人手时，乡里乡亲都会前来帮忙，帮忙的内容从筹备仪式到宴席组织都有。逢红事，也就是嫁娶时，需要帮忙的人家拿上几支烟、几块糖前去各家，就定下帮忙的时间；而白事，一般很少有主动请的，一旦家中有老人过世就燃放爆竹，得知消息的乡亲就会主动前来帮忙。

帮办有男有女，随着外出打工年轻人的增多，帮办渐渐以女性为主。这种帮忙是不需要支付报酬的。

丙是一位小气的女性，她从来都不肯参加乡亲的帮办活动，每次乡亲之间需要帮忙的时候，她从来不去，并且还到处宣扬"难道我们的劳动力就不值钱"？后来丙的公公去世了，一般像这种白事，不能够主动去请别人，但是许久都没有人来帮忙。

丙非常着急，不得不到处求人来家帮忙。有的人看她实在可怜，就去了；也有不少人记得她从前说过的话，请也不去。最后来的帮办人数太少，只能勉强凑合。在乡亲们看来，这是次不小的笑话，因为帮办的人数多少可以说是这个人在当地人缘如何的体现。有了这次教训之后，丙后来每次碰上乡亲需要帮忙的时候，总是非常热情地参与，因为她知道，如果不去帮别人的忙，别人也不会来帮你。

再看另外一个家庭。丁是一位家庭状况比较特殊的妇人，她家里有两个年事已高的老人，孩子在外工作，丈夫在乡政府做事，家里除了她之外，几乎没什么劳动力了。每次乡亲之间无论红白喜事，都知道她家里情况特殊，如果说她外出帮忙，家里的老人就没有人照料，不会来请她。对她一家，大家都比较包容。但是丁是一个比较注重礼节的人，只要家里能走得开，她都主动去帮忙。在丁的儿子举办婚礼的时候，左右的乡邻来了许多帮办，现场热闹又喜庆。这让所有人都感觉到，丁这一家人在乡亲中有较好的人缘。

帮办制度，是一种契约，也是一种非金融性的相互支持与帮助。今天的帮办制度也开始发生变化，你可以明码标价请到在红白喜事中的帮办；然而，传统的帮办制度可以让我们更好地理解中国社会的传统逻辑——相互的支持与帮助，这是一种情感的储蓄。

陈志武先生所著的《金融的逻辑》一书，认为传统中国的"孝道"其实是一种内隐的金融交换，包括亲人和朋友之间的互相帮忙，也是建立在内隐的交换之上。

"金融市场正在把中国家庭从利益交换中解放出来，让家庭的功能重点定义在情感交流、精神世界上，家应该是情感的天地，是精神上的安身立命之所，而不是利益交换场。"陈志武先生的观点，代表着一种关于家庭角色的观念，但我们处于一个变化的时代当中，传统的家庭与社区中的支持关系，对家庭来说仍然是重要的，就像是帮办制度曾经起到的作用。但现在，传统的东西在被颠覆，而新的安全感又没有建立起来，所以，我们存再多钱，也觉得不安全。中国人的幸福感，是建立在传统的基石之上，我们不能够完全割裂传统而得到幸福。

所以我把财商划分为两个板块：向外和向内的。向外的包括如何去创造，如何在社会系统中找到自己的位置；向内的包括如何使用和调配资源，如何在家庭和社会关系中彼此支撑和发展。

无论显性的金融逻辑如何变化，对一个处于变化时代当中的家庭来说，最重要的绝不仅仅是金钱，我们需要取得情感和行动上的支持，这能够让我们获得更多前进的动力。

第二节
理解家人之间的差异 ◂

　　虽然在同一屋檐下，但是家人之间由于成长轨迹和时代环境的不同，会有很多在生活习惯上的差异，表现在使用金钱的方式，以及我们需求的差异化等。我们要让孩子理解这种差异。

一、每个家庭成员的需求都不同

　　消费其实只是一个外在表现，家庭关系中，核心的是需求的彼此满足。当成员的需求实现了有效满足时，这个家庭会充满动力，否则，家庭就会慢慢失去核心的支撑力量。

　　周末和家人一起外出。先生想去逛花市，这是他最大的爱好，他可以自由地去看看花，然后带回家。

　　我喜欢看书，喜欢带着孩子们一起去各个不同的书店，带她们找到自己喜欢的书。

　　我也一定会带上孩子的外公外婆，他俩可以在商场中感受氛围，而不必一直窝在家中。我一边看书，一边看着他们的反应，等到外公外婆觉得累了，坐下来休息了，而孩子们也选好自己的书了，我就赶紧带上孩子们去和他们会合。

外公喜欢美食，所以要安排特别一点的午餐，选择外公喜欢的食物。他也是我们家的美食大厨，也喜欢在外面尝试一些新鲜的菜品，如果觉得好吃，他回家就会照着做。

外婆想要一件夏布的外套，在购物中心看好了，肩膀大小不太一样，设计师马上从外面坐车过来，然后帮助外婆把肩膀改好。其实，服装的价格是一个方面，而外婆享受的是陪伴她一起挑选的时间，连孩子们都急忙忙地跑过来，帮着外婆一起挑衣服。

中午，孩子爸爸选好了花，过来一起吃午餐。看得出来，他很开心和满足——毕竟得到了这小半天的独处时间。

现在可以来分析一下，航航和洲洲的需求，甜品或者是书，那都是一种童年的快乐，孩子们喜欢书，把书看作是最大的礼物，因为感觉——太好了，买回家就会有家人给我读书了。书是一种陪伴，甜品是美食的愉悦，都是妈妈基于关心而产生的爱的满足。

爸爸的需求是独处，在繁忙的工作之外，每天回家后都用心地在陪伴孩子们，爸爸内心在说："我要一点属于自己的时间。"在挑选花草时，爸爸享受着独处的时间。妈妈会考虑到爸爸的需求。

外公的需求看起来是美食，其实也是感受到自己被关注，感受到自己和外面的世界是有联系的，生活不会那么单调。外婆看起来没有什么要求，但是她其实也需要关心，而陪着她一起选衣服，过程比结果重要。

家庭就是这样，每个成员的需求都有差异，但其实质，无外乎爱与满足。要让每个成员都满足，建立在两个条件之上：第一，关注到大家的需求。每个家庭中都需要一个瞭望者，关注大家的需要。第二，要有供给的"奠基者"。这一成员能够提供给大家所需要的物质条件。当然，有时两个角色会由同一个人扮演。

"瞭望者"应该是整个家庭动力中的核心所在，他要有同理心，能够关注到大家的情绪，同时应该有效地平衡。比如我曾看到过一则故事，一位妈妈因为家中经济条件不好，没有给孩子买校服，但是她用巧手，给孩子用旧衣服改造做了一套校服。

一个家庭中，如果有这样的"瞭望者"真的是一件很幸运的事情，他不会只从个人的需要与情绪出发，而是站在一个团队的角度，去平衡大家的需求。

所有的消费背后，都是满足与被满足。但是消费不能够取代一切，因为比消费更加重要的，其实是陪伴与爱，这才是无价的宝物。又比如说带着欣赏的目光，去看待家庭中每一个成员，而非挑剔，这也是很重要的。

我曾经和航航讨论过这样一个话题，我说，每个人身上都有值得我们学习的地方。比如，航航最近的平衡能力很强，可以双人跳绳了，也可以放开手玩"太空漫步"了；而洲洲的情绪控制能力很强，虽然刚才在哭，但是后来又开心地笑了。

每个人都有自己的优点，每个人都在为家人活得更加幸福而努力。

而我们每个人的需求，在家庭中都应该被考虑到。无论少了哪个环节，都无法实现整个家庭的幸福。

因为在家庭中，并不是"你进我退"的资源博弈，而是我们彼此依赖，彼此支撑。

每个人的需求都值得被尊重。家庭中，只有所有人都感受到了被看到、被尊重，家庭才能呈现出一种平和。否则只要有一个人不被满足，或者感觉到委屈，整个家庭的氛围都会受到影响。

二、表达情感是金钱的工具属性

金钱可以用于表达情感。当父辈过生日，送上一个红包，代表着晚辈浓浓的祝福；孩子们在春节，收到家人送给自己的红包也会感到开心和惊喜；当亲人结婚时，送上的红包表达了祝贺和祝福。

对普通人来说，金钱是我们在社会关系当中表达情感的一种重要手段，虽然说金钱并不能代表所有，但把金钱作为表达的工具，也可以培养孩子们在家族中的财商。

家庭内的情感关系，不完全通过金钱来建立，更加重要的是细腻的情感关怀。比如，当你不舒服的时候，孩子为你倒上一杯热水，那是比什么都好喝的甘霖。当你需要关心的时候，孩子们能够说上一句安慰的话，你会觉得心中又燃起了希望和勇气。

航航六岁的时候，我问她："如果你有钱了，会给谁买礼物呢？"

"妈妈、爸爸，还有很多人……"航航说。

"最先给谁买礼物呢？"我问。

"爸爸，因为爸爸最辛苦。"

抬起头，航航看到爸爸笑成了一朵花。

我常常提这样的问题，因为想要让航航知道，其实家中每个人的需求都很重要，都值得被关注，而金钱是我们可以实现这种需要的工具。

但是这里所说的金钱的工具属性，是指其不是唯一的表达工具，人与人之间的情感交流，会更加丰富细腻。但是看到家人的需要，发挥金钱的工具属性，也是一种智慧。

航航在幼儿园大班时，过父亲节有演出，那是航航第一次做主持人，但是由于工作太忙，爸爸去不了现场。

外公提出他要代去。处于情绪中的航航说："我不要，我要爸爸去！"

外公生气了，一个人推门出去了。

在父亲节的活动现场，听着一首首唱给父亲的歌，我在想，外公也许需要的只是爱与被认可的存在感吧。有时候，这种爱的需求会以各种各样的面目表现出来。

那天，活动结束之后，我把孩子们留在幼儿园里上学，然后，我哄着终于回家的外公，一起去外面吃饭。

对外公来说，也许最幸福的事情，就是享受美食了。我们一起吃着自助餐，然后，我鼓起勇气，终于对外公说道："爸爸，我们都很爱你。你以后不要再发脾气了。"

要说这样的话，真的很不容易，也许恰恰是天天面对的亲人，要说出这样的话，反而更难。

外公听了很开心。

也许在父亲节，送出的最好礼物，不是金钱，而是陪伴。晚上，我和孩子们写好了几个奖状，送给我们自己的父亲。我的爸爸、她们的外公，她们的爸爸、我的丈夫。

"我的爸爸，是世界上最好的爸爸！"

我一口气写了四张，给我的妈妈，给我的公公，也给我的婆婆。

我们真的拥有自己世界上最棒的亲人，无论是外公外婆在身边的付出，还是爷爷奶奶在老家的守望，这都是他们为我们付出的方式。

我和孩子们放起了音乐，两位爸爸在航航的主持下，欢乐地接受了他们手中的奖状。我知道孩子们的爸爸，现在在工作中面临着极大的压力，孩子们的称赞与爱的表达，可以让他正视所有的挑战，知道无论如何，自己拥有这样一个温暖的家。

而孩子们的外公，也应该是这样的心情吧。无论家务劳动如何繁重，只要得到肯定、得到爱的表达，那种感受就会变得不同。就在父亲节那天，爸爸收到这张奖状，他笑得那么开心。

每一年都有许多节日，从母亲节、父亲节到儿童节，每一个节日都可以成为买东西的理由。

航航五岁多、洲洲三岁多的那个父亲节，我想让孩子们为爸爸准备节日礼物。但是我下意识的反应就是先去网络上淘了一圈，想着他的包有些坏了，是不是给他买一个新包。

可是，突然我想起来，家中原本有一个我非常喜欢的品牌的真皮皮包，放在那里很久了。

我把包取出来，擦洗干净，然后给它上油。慢慢地，在手与物品碰触的过程中，我体会到了一种因为对物品的珍惜而产生的美好。我把这个礼物送给了老公，他非常喜欢，他也是个很节俭的人，这样做让他很高兴。

"买"的动作，会变成下意识地对"爱"的表达。当然了，我认为这种"爱"的表达方式也是很重要的，但是，真正让我们难忘、让我们深深记忆的节日，应该放入很多的心意在里面。

比如，用心地为爸爸画一张画，或者说做一件会让他很感动、很难忘又很有创意的事情，这种体验爱的过程，付出时间和精力去有效地经营一件事的过程，才是最为重要的。

爱的表达有多种方式，通过构思让人惊喜的手工礼物，我们可以让生命中的每一个节日都变得难忘。因为用心，才是最好的礼物。

其实我们要的东西都很简单，不是多么贵重的礼物，而是自己所爱的人，付出的时间与心思。

孩子们能够慢慢地学会勇敢而有创意地表达爱，这本身就是一种成长。

三、有同理心

同理心是我们对他人经历的感受能力，是了解他人处境的洞察能力。

> 暑假回老家，孩子们看到街边都在卖一种笋子虫。这种虫是在竹林里生长的，农人抓住它们，把脚的那些带钩的部分全部折断，然后用一根竹签签进前肢，再摇摇小虫子，它们就会飞起来，像电风扇一样，但是，小虫会很快死去。
>
> 我不会给孩子买这种笋子虫，但是那天孩子们缠着外公外婆买了两只。
>
> 晚上大家都睡着了，我看到小虫在桌上努力地爬着，其中一只努力举起自己前肢中的竹签，那样小的笋子虫，却有力量举起那样长的竹签。
>
> 这是一只很顽强的小虫，它一定想要挣脱酷刑。我悄悄地把两只小虫的竹签都给取掉，那只强壮一些

的挣脱后，快速地逃走了。另外一只，已经奄奄一息了。我轻轻地摸着它的背，想要对它说："对不起。"

我不记得我是不是和孩子们交流过关于虫子的事情了，那天，三岁的洲洲牵着我的手，突然说道："我们不应该那样对待小虫，姐姐之前在老家已经把小虫放生了。"

"是啊，如果我们是小虫的话，如果也有人这样来折我们的腿，我们一定会很痛的。小虫也有自己的生命。"

"妈妈，那大地也有自己的生命吗？"航航问我。

"有啊。"我说，"大地会孕育出很多新的生命。"

洲洲很开心地说："所以有土地神仙！"

"那么，天空也有自己的生命吗？"

"也有啊，天空也有自己的生命。"

"我们以后再也不买笋子虫了。它从来没有伤害过我们，而且它那么可爱。"洲洲说。

"那当然。我们不应该伤害它们。"我说。

航航想了想，突然对我说："那么，糖果有生命吗？"

我犹豫了很久，不知道应该怎么样回答。"应该算是无机物吧？有生命的是有机物……"其实我自己也搞不清楚有机和无机的区别。

不过看航航和洲洲的样子，她们现在很放心了，因为这样她们可以毫不担心地把糖果吃掉了。

孩子们对笋子虫的同理心很珍贵，而同理心是在社会交往中的重要前提。

同理心不仅仅能用在家庭中，也能够应用于工作中。作为一个老师，同理心让我感受到同一个班级中，不同学生的需要。

有的学生更愿意表现出自己的差异和不同，大声说出自己的观点；而有的学生则更喜欢低调，不喜欢成为人群关注的核心；有的学生，渴望被发现、被赏识、被人群欣赏……面对不同的学生，采取适合他们的策略，而不是用同一种的方法，这会让我的教学变得更加适合学生们，也更能够激发他们的潜力。

有同理心对于职场人来说，是极为重要的能力。这样他们才能够真正地起到沟通与协调的作用，才能够在人与人之间的合作当中，建立起紧密的关系，一起去实现共同的既定目标。

聪明有知识的孩子有很多，但是有同理心的更像是一块珍宝。

如果能够知晓彼此的边界，又能够懂得以同理心去争取大多数人的利益，这样的孩子，无论是在家庭还是社会中都会是赢家，因为社会性的资源会更加乐于向他们流动。

有个冬天，我的手很冷，便自言自语道："真希望有一个可爱的娃娃，可以把我的手放在她的手里揉，然后温暖我的手啊！"

两个孩子于是牵起我的手来，把我的手放在她们手心里搓热，那个时候，我觉得心里变得特别温暖。

只要孩子们拥有同理心，我相信她们一定会去寻求真善美，因为她们不只关心自己，也会关心别人，这样会让她们得到真正的幸福。

同理心可以广泛应用于人际交往当中，这种能力会是孩子与家人、同学还有同事好好相处的能力，也是进一步提供给社会所需要产品的能力。

斯坦福大学的"DESIGN THINKING（设计思维）"课程关注产品的创新与发展，改变了传统的设计思维流程，基于五个步骤提出适合于用户的产品。

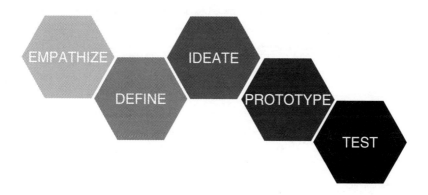

设计思维当中的五个步骤，第一个就是同理心，要设身处地地站在用户的角度，去体验他们的困难和需求；第二步是界定问题，是对用户的需求及背后的问题有准确的界定；第三步是发散，在小组讨论中列举所有的可能性；第四步是制作原型，就是以简单的材料来说明产品设计的想法；第五步是测试，将产品交给用户使用，来判断其效果，并进一步优化。

同理心之所以被放在第一步，是因为它是设计团队能够洞察用户需求的起点，只有能够感受到对方的困难和需求，设计与创意才有动力，才能找到正确的方向。正如斯坦福 D School 的学生当时本来想做一个给发展中国家早产儿的保温箱，结果去尼泊尔实地调研之后，发现那些早产儿大部分是农村的，而且在送到医院之前就因为低温而夭折了。设计团队终于发现，那些家庭真正需要的，是一个能让早产儿被安全送到医院的保温袋，它可以不插电使用，廉价，安全，而不是一个放在医院的保温箱。就这样，诞生了拯救几十万早产儿的 Embrace。

由此可见，同理心不仅仅可以让孩子建立与世界的紧密联系，同时还能够让孩子在产品创意中寻找到更多的灵感，激发他们的创造力。

父母可以通过以下方法引导孩子在日常生活中培养起同理心：

1. 引导孩子们换位思考；

2. 通过文学作品理解不同人物的心理；

3. 与孩子多交流，与他们谈论日常生活中所经历的事，并且鼓励他们说出自己的观点并一起讨论；

4. 父母也应该了解孩子的内心世界，当孩子感觉自己被父母接纳时，他们才有动力去了解他人，进而提高自身的同理心。

平衡家人的不同需要 ◀

王奶奶准备卖房子。她女儿想换一套学区房，但是钱不够，想要妈妈把房子卖了之后和她搬到一起住。

王奶奶很心疼女儿，也想让孙子读到更好的学校，所以她决定卖房子。

前天，她遇到了自己的老同学，老同学听说她要卖掉自己的房子，沉默了一会儿，问了一句："你在现在的地方住得怎么样？"

"挺好的，有很多熟悉的邻居，而且出门交通也方便。"

"那你搬过去，如果感觉不习惯的话，怎么办呢？"

这个问题王奶奶现在才开始思考。

女儿肯定是好相处的，可是老年人和年轻人的生活方式不一样，那也是很正常的事。那样的生活真的适合自己吗？王奶奶考虑了之后，还是决定不卖房了，她告诉了女儿，并且承诺会给她一笔钱帮助她。

女儿很不高兴，觉得妈妈出尔反尔。王奶奶也觉得很委屈，难道老年人的需求就不重要吗？

事实上，王奶奶看到了自己的需要——并不是所有家人的需要，我们都要无条件地满足，因为我们也有自身的需求。

女儿现在面临的问题是金钱不够，王奶奶愿意用自己的养老金补贴，但是她还是坚持了自己的需要——有一个熟悉的、适合自己养老的环境。

家庭是最小的社会组织个体，而家庭内部中的创意财商关系和社会外部是不同的。向内，家庭偏向于使用最小化的资源，满足家庭成员最大限度的需要；而向外，创意财商则偏向于通过最小化的资源，获得尽可能更多的回报。

家庭中的创意财商体现着我们对爱的理解、对资源调配的理解。金钱不过是工具罢了，但在家庭关系中，要善用这种工具。

一、通过消费创造共同的回忆

消费理念中，家人共同经历的记忆和体验，其实是很值得投资的。这种消费往往不会以具体的物品呈现，而是以亲人共度的时光来呈现。

比如一次旅行、一次共享的晚餐、一次大家一起观赏的演出。

洲洲的三岁生日，我带着她们一起去订了现场的蛋糕烘焙，还有游戏乐园。

五个小朋友一起手拉着手过马路，一起在烘焙馆的蛋糕坯上涂抹奶油，玩得非常开心！

挤果酱的时候，红的果酱、绿的果酱、黑的果酱挤作一团，变成了野兽派作品，大家都是一脸奶油，笑得非常开心。

洲洲低着头，听大家给自己唱生日歌，好像有一些不好意思。

欣慰地看着孩子们欢乐地游戏，我在想，与其把钱花到给孩子买贵重的礼物，不如让孩子们知道，宝贵的回忆才是最好的礼物。

这种消费理念的升级是较为重要的。

二、用有限的支出，产生最大的效能

让孩子们感觉到关于金钱的秘密，支配适量的金钱，让它们为自己带来感受幸福的体验，这点是非常宝贵的。

赚钱的目的是什么？是为了产生效能，而在家庭中，产生效能的唯一标准就是成员间的幸福感和满足感。

并不是越多的金钱就会带来越多的满足，高财商的家庭，可以用最少的金钱来产生最高效能。

用最少的钱让大家感到快乐，就是家庭中财商教育的目标。

当你在经营一个家庭的时候，会发现你花了很多钱，请大家去高级酒店，有时候大家会很开心快乐，有时候却不一定那么开心快乐。

同样消费金钱，却产生不同的效能，是由家庭成员当时的状态所决定的。

童年时，我的父亲和大伯父一起在家做了一锅羊肉汤。那天天气很冷，我们就在自己家，吃着平时很少能吃到的羊肉，父亲放了青椒，羊肉很暖，散发着白白的热气。那是一个物质贫乏的时代，那一锅羊肉汤带给了我美好的回忆。

有时候，与其多花金钱，不如想方设法创造更多的快乐。

金钱与时间，同样都是投放到家庭中的一种付出，在我看来，它们都同样重要。

而对现在的家庭而言，之所以要特别强调时间，是因为它太容易被忽略了。

我曾经在电话热线中接听过一位父亲的咨询，他告诉我，儿子现在十八岁了，可是和自己完全没有办法沟通。父亲在儿子很小的时候，为了生计，离家很远去奋斗。

儿子现在终于和他们一起生活了，但是主要话题是钱，如果不给钱他就发脾气就离家出走。父亲难过地说："你都不知道，他的眼神，比陌生人还要冷漠。"

我能够理解这位父亲的无奈，他已经尽力了。与孩子之间的情感缺失，虽然弥补回来很困难，但只要找到真诚沟通的方法，仍然有希望建立良性的亲子关系。

这不是个例，很多的父母怀着对孩子的思念远赴他乡工作，把孩子留给家中的老人。在城市中，父母也常常为生活的压力所迫把孩子留给家中的老人，或送到一个个的培训班。

但，孩子最需要的，是陪伴。

航航五岁、洲洲三岁时，我一直为选择继续奋斗还是陪伴孩子而纠结。一方面，是在蛰伏很久之后想要出发的大女人的心；另一方面，则是一颗想要陪伴自己孩子的心。我就这样一边参与外面的合作伙伴的活动，一边在会场想念着孩子们。

回到家，孩子已经睡着了。听外婆讲，洲洲一直在等着我回家，等到外面的天都黑了。外婆告诉她大家都回家了，她就说："外面还不是有人在走……"

有一次，我带孩子去参加了在银行举行的财商活动，海莉问了一个问题："钱不能够买到什么？"

航航大声地回答道："钱不能买到爸爸妈妈。"

心中咯噔一声。

回到家中，我再次认真地和孩子们交流。

"如果妈妈想要去做的这件事情，说不定可以挣很多钱，你们支持妈妈去吗？"

"妈妈重要，还是钱重要？"航航这样反问我。

这个问题，也引发了我很多的思考。我相信，这也是很多家长的焦虑，也许有创造力的家长们会有更多的方法，在给予孩子陪伴的同时，也坚持自己的成长。

当然，很多时候家长们也是迫不得已，工作需要投入，我们也有自己的安排，那么，不妨从增加亲子时间转到提高亲子陪伴的质量吧。父母们如果能够高效陪伴孩子十分钟，那么这十分钟也可以留下较快乐和难忘的回忆。

陪伴并不需要一个固定的时长，更加重要的是陪伴的质量，也就是你们共度的时光当中，留下了多少欢笑与回忆。

三、在消费中学习新的事物，投入新的事物

前文我们引用了边际效用的三条定理，其中的第三条是这么说的："边际效用的定理认为：在原有欲望已被满足的条件下，要取得更多享乐量，只有发现新享乐或扩充旧享乐。"

用"享乐"来分析，显得有些贬义，但当物质生活水平提高后，休闲与放松是每个家庭都要持续学习的方式。而中国的家庭在短短几十年当中经历了巨大的经济改善，所以更加需要加强关于消费的学习。

（一）家人之间要相互学习新事物

孩子们是在家庭中成长起来的，每个家庭都用自己的养分去影响一个孩子。家庭中不同成员之间是不同的相处方式，有的宽容，有的严格。但是孩子不需要一个完全一致的教育环境，他们需要去感受到不同成员之间的方式和特点，然后作出自己的选择。

孩子往往会选择最优质的那部分养分。而优质是孩子在比较中获得的。

家庭中的消费观念，因为是最早期的渗透，会对孩子产生最深的影响。孩子们会带着这样的消费观念一直长大，再去影响自己的孩子。

在我很小的时候，爸爸给我说了这样一句话："钱要花在美食上才是真正属于自己的，要吃好吃的东西。"

直到今天，我最享受的家庭消费也是发现了什么特别的餐厅，然后带着老人和孩子一起去吃饭。

其实我们感受的不仅仅是美食本身，而是一段共同经历的记忆。

至今，我和父母都还记得，有一年我们搬家之后，为了庆祝爸爸的生日，我们一起去吃了一顿麻辣烫。那个麻辣烫特别好吃，之后我们仨又叫了一种叫锅盔的四川小吃，特别酥脆，到现在都记忆犹新。

家庭消费其实是以最少的钱产生最大的家庭成员的满足。如果这些钱的使用让人感觉到丰富、充沛，其实它的目的就已经达到了。

有时候并不简单是花钱多少的问题，当你用心的时候，钱提供的助力会扩大。

我设计了一个"家庭陪伴日"。那天我很忙，但是周末，我还是带着孩子和老人们，一起去看了幸福广场的银杏树叶，体验季节的更替。

我们去了一个环境很好的餐厅，有美丽的吊灯、钢琴、油画、红毯。

母亲说："其实只要家人在一起就很好了，哪怕吃碗米线也是幸福的。"

"那么下次我们出去玩的时候，就吃一碗米线，最重要的是大家在一起，互相陪伴。"我说。

传承在家庭消费中起着很大的作用，童年时期的经历和习惯方式，都会对孩子成年后产生巨大的影响。

有一位妈妈，她喜欢逛名牌店，买名牌包包，逛街的时候也喜欢带着女儿，所以孩子长大后也喜欢逛商圈；另一位妈妈，她喜欢逛书店和博物馆，孩子耳濡目染，爱好也是逛书店和博物馆。

当然，以上两种并没有优劣之分，只是个人的偏好，而偏好在不影响正常社会秩序的情况下，是不必评价的。

要注意，家庭消费方式是可以更新和相互学习的。

有一个家庭，丈夫来自农村，而妻子来自城市，他们结婚之后，一开始双方的父母在消费的观念上差异很大。

农村的父母习惯了节俭，基本上所有的菜都是自家菜地里来的，除此之外，他们不会去市场上买其他的时令蔬菜；而城市的父母虽然退休工资也不多，但是却更愿意在养生方面花钱，比如说采购一些营养品，更注重食物中的营养搭配。

一开始相处，大家的观念各不相同，但是相处久了，农村的父母也开始慢慢改变了消费观念，开始购买多样化的营养食物，甚至还主动购入榨汁机等小家电，学习多样化的饮食方式。

这种家人之间的相互学习，往往是伴随婚姻关系而形成的。一开始虽然容易产生矛盾，但是相互体谅并理解之后，会对彼此都产生新的启发。

郭晶晶嫁入霍家后，常常被拍到手上和头发上戴着很便宜的发圈。有次夫妇俩接受媒体采访时，记者就提到了这个发圈。

郭晶晶笑着说出这样一番话："不是所有人都用这个吗？我不知道有什么特别。"

"那人家就卖三块钱，你不能强迫别人卖三百块吧。"

她在消费中的朴实与节俭，处处影响着小家庭。我相信，她出身豪门的丈夫，也在学习她的坦然与从容，不在意标签。这种相互的学习，恰恰是我们在关心与理解支持家人的过程当中，也可以收获的财富。

（二）不同家庭间需要互相学习消费观念

家庭是最小的组织，但也是最核心的组织。家庭中，孩子应该学会消费，并且家人之间也要共同学习，懂得学习有价值的生活方式。一个家庭中的创意财商教育，体现在大家是否有使用金钱的智慧，并还要向其他家庭学习他们相处方式中的优质养分，这才是学习型家庭的真正意义。

家庭与家庭之间，也有很多种不同的相处方式和资源分配方式。当孩子们能够了解到各种家庭的相处方式，就能汲取不同家庭中的优质养分。这也意味着不同的家庭间要学会相互欣赏，看到别的家庭中做得较好的地方。这里绝对不是说动不动把"别人家的孩子"挂在嘴边，而是每个家庭的养育都有值得学习的地方。

我在澳大利亚旅行的时候，认识了一个美国家庭，爸爸和妈妈带着两个女儿用了近一年时间环游世界，他们吃住都很节省，自己开车旅行，和背包客们同行。

我问妈妈："感觉你是个超级妈妈！"

"是的，旅行让我们变成了超级家庭！"那位妈妈不无骄傲地说。

我想对于这两个孩子来说，旅行中学到的东西，远远超过了学校所给予的。

把旅行视作最好的投资，就是旅途中所认识的这个家庭给我的启发。即使在成家之后，我相信我也会不停地学习那些优秀家庭的视野和想象力。

也许在未来，在航航和洲洲的心中，也会把和家人的旅行看作是家庭中最有价值的消费。

不同家庭之间的相互学习，并不是攀比，而是思考在相处的方式和技巧上，我们还有多少种可能性。

如果一个孩子，在他所处的家庭环境中，无法得到充分的爱，他并不一定会就此绝望，生命力强的孩子，会将这种希望放在心中，并从其他的家庭中，看到这种希望的存在。

家庭每一个成员之间都是需要学习的，这种学习表现为爱的智慧和爱的能力，金钱的使用是其中的一种形式。

家庭是动力，社会是舞台 ◀

　　有一位大三的女孩，她乐观开朗，总是风风火火的。在带她所在班上的课时，我发现她正在做微商，卖红糖。她兴奋地告诉我，她在大二的时候，就已经组织过培训，还做过各种兼职，现在做红糖的微商销售，一个星期就可以赚到上万块。

　　女孩是怎么做到的呢？她善于结交朋友，体察大家的感受，也能细心地发现商机。在我们做网络推广活动的时候，她还主动提出了赞助。

　　这是一个看似简单的举动，但对于一个在校学生来说，非常不容易。她有着迂回获利的思想，也就是说，也许这件事情现在看不到成效，但她还是愿意去做。

　　女孩乐观积极，富有商业头脑。我很好奇她的父母是如何培养她的。

　　一天我和她在教室里聊了很久。

　　女孩生长在农村，在她四岁的时候，家里发生了不幸，她一岁多的弟弟淹死了。这对父母来说，太过于悲痛，他们把所有的爱投注到她的身上，尽量满足她的所有需要。

女孩感觉到了深深的爱，因此下决心，要让父母过上好的生活。

面前的女孩，想要背负起在农村观念中应该由男孩背负的责任，那是她去世的弟弟的那个部分。

她在十六岁时去了一个服务区打工，在那里做每天二十元的清洁工作。她发现外面卖一元钱的水，在这里可以卖到两元，别的商品也要贵很多。女孩受到启发：也许有比每天挣二十元钱更好的方法，能尽快让家人过上好日子。

女孩的爸爸是砖瓦匠，基本上每个月有一万多元的收入，够家人开销了。

父母给她的学费和生活费，她一分也没有动，全部都存了起来，她想要在不久之后，在繁华的商业区给父母开一家面店，让他们有自己的生意，过上好日子。

女孩做生意也很讲技巧，她把供货商发来的红糖上面的商标全都撕掉了，她说，她想要注册设计一个属于自己的商标，做自己的品牌。

她有这样的长远目光，我很为她高兴。

"不用太辛苦。"我对她说，"你父母有这样的女儿，真的很幸福。"

"没有，一点也不觉得辛苦。只要想着让家人生活得更好，我就觉得每天都很有动力。"女孩笑着说，"我现在回家，还会给爷爷奶奶发红包呢，虽然不多，每次只是一两百块，可那都是我自己挣的钱。"

女孩现在并不富裕，但是我相信，如果她保持现在的状态，稳稳地向前走，一定可以过上她想要的生活。

我们在社会中扮演的角色，最初的原动力都来自家庭。

一个方面，红糖女孩从家中的养育中获得了充分的能量，她感受到了这种能量，并且将这种能量转化为她前行的动力。这是创意财商向内的部分，也是我们创造金钱最为本质的动机。

当我们心中怀着力量的时候，尤其是怀着对自己最珍惜的人的爱的时候，我们会更加有力量在外部世界中开疆拓土，寻找到自己的角色。家庭为我们提供最强有力的支撑，那是我们为之奋斗的理由。

另一方面，她在认识自己之后，主动学习如何去面对这个世界，如何在其中发现金钱流动的规律，并且学着去积极思考，创造财富。

在红糖女孩身上，我看到了许多闪光的想法，无论未来是否成功，她内心会始终怀着对父母的热爱，她会充满奋斗的力量，这种内驱力来自家庭。我想，她对父母的心疼，和她所感受到的父母的爱，就是她的成长动力。

一则社会新闻让我感慨良多，一位爸爸和儿子对簿公堂，因为爸爸早早就声称，一旦孩子考上大学，就必须自力更生，他不会再负担儿子的生活费和学费。可是儿子根本没有学会如何自立，百般无奈之下，他诉诸法律状告父亲。

其实我能够理解父亲急切的心，他想要逼着孩子早一点独立，但是，孩子如果早早具有财商，能够早一点学会生存的技巧，就不会被父亲逼到绝境了。

"是你剪断了我的翅膀，却责怪我不懂得飞翔。"有的孩子在成年之后，很快自力更生；有的孩子在成年之后，却还是每个月等待着父母的生活费，甚至在工作之后，还需要父母的供养。

在金钱表象的背后，更重要的是父母如何让孩子感受到爱，感受到成长的自主性，让他们拥有力量去面对未来的生活。

而父母在让孩子感受到这种内驱力之后，选择体面地一步步撤出，华丽地转身，才是真正有智慧和有担当的爱。

第五节
在家中，好好谈钱 ◀

小娟三十多岁了，她在农村长大，在家里是独女，家庭条件不太好。十八岁那年她考上大学离开了农村，在城市中学习和工作了十年，后来回老家结婚生子。

她在和自己的父母相处中，发生了严重的矛盾。五十多岁的父母质问她为什么不给他们生活费，为什么不赡养自己的父母。小娟非常委屈，因为她在老家的生活也很困难。

妈妈生病，她带妈妈去了医院，但是医药费是妈妈自己付的。她的父母非常生气，碰到亲戚就说这件事情，后来争吵升级，她的父母甚至有过要去法院状告她不赡养的想法。

经过乡里有威望的族人调解，这件事情被平息下来。

小娟感觉到万分委屈，因为在她看来，自己在创业的起步阶段，家人应该尽可能多地支持，无论是情感支持还是物质支持。并且当时在医院没有给妈妈付医药费，是因为之前也没有给婆家支付医药费。"你们现在还没有老到走不动，自己也还有能力挣钱，为什么要把自己的孩子逼得这么紧？"

她母亲也非常委屈，作为一个农村妇女，她没有持续的稳定收入，小娟爸爸每个月会给她两百元钱，她要购买农村医疗保险和养老保险，她需要一些自己能自由支配的钱，她需要的是安全感、是金钱代表的安全感。

冲突的实质是，父母一辈和子女一辈，在家庭及金钱观念上，已经有了很大的不同。在农村的父母眼中，养育子女是为了防老，就像是放了很久的理财产品，到了期限，就应该到了回报的时候。

而在已经在城市待了较长时间的女儿看来，父母和子女是平等的主体，当子女条件有限的时候，父母应该给予子女更多的理解，并且在必要时给予适当支持，父母对子女应该是无私付出的。

当这样的两种观念不能够彼此接纳的时候，就会产生强烈的冲突。

我们看到很多来自城市的"孔雀女"和来自农村的"凤凰男"组合家庭的故事，也会发现，其实最大的家庭矛盾，往往是来自我们对亲情及金钱的理解。

任何观念的彼此接纳都有一个过程，而唯有站在对方的立场上，理解对方的动机和根本目的，家庭才有和睦的可能。

在家庭中，亲情至上与契约精神是并存的。亲情至上是亲情永远被放到第一位，契约精神是在这一原则下，看到家中各自的承担。理想的家庭关系应该是重感情，同时又边界清晰的。

那些网络上家人为了争夺家产而大打出手的故事，让人叹息。明明是世间最珍贵的亲情，为什么会被金钱打败？两种情况都会导致这样的问题。

第一种情况是把金钱放到了比亲情更加重要的位置。亲情永远是最重要的，亲情之所以重要，不是因为它是一种庸俗的我爱你、我养你，所以你必须回报我的观念，而是因为，爱是理解和尊重。基于这点，亲情的地位必须高于金钱，如果简单以钱来进行结算和衡量，会让亲情变得更加复杂化。

第二种情况就是在亲情中，完全不去谈论金钱以及与之相关的责任和义务。

完全不谈金钱，为什么还会陷入冲突？在有的家庭中，对金钱的话题是较为避讳的，似乎是应了那句话"为了避免伤感情，所以只好不谈钱"。这也会导致一个问题——界限不清晰。

有位老人的赡养，主要是由她的女儿和儿子来完成。老人从七十多岁就开始跟着自己的女儿生活，这样过了近十五年，后来，女儿要到外地帮自己的子女带孩子，赡养的担子就交给了儿子。

平时主要由儿子来给老人做饭，然后女儿回家之后，就由女儿负责。

但老人现在九十多岁了，在夜晚的时候，她独自一人。这样的情况越来越不让人放心。

后来，老人名下的老屋被拆迁，有二十几万的拆迁补偿款，儿子得到了所有的拆迁款，并没有正式告知自己的姐姐，这笔钱有多少，他是如何计划安排的。

女儿并不在意是不是得到这笔钱，但这并不代表她的丈夫不在意。这件事情一直在心中发酵，从来没有在一个正式的场合去公开地去讨论，这直接影响了老人的女婿对老人的态度。

这是另外一种极端情况：完全不谈论金钱在家庭中的处置，也不讨论各自的责任和义务。

亲情毕竟处于社会环境下，当金钱的话题无法回避的时候，应该持坦诚和公开的态度，协商金钱问题的处置。

金钱和教育问题，和法律问题一样，是一件值得所有人都心平气和地坐下来，彼此公开真诚地讨论的话题。在乡村，有一种我认为能比较好地解决敏感问题的方法，就是请家庭中大家敬重的长辈来主持讨论，大家一起来定下规矩，处理相关的金钱问题。

家庭协商，公开地谈论金钱和义务，这比最后诉诸法律更加人性化，可以说，它是另外一种意义上的契约精神。我理解的契约精神，就是我们遵守彼此定下的规则，并且为此付出心血和努力。

这就必然涉及沟通，考虑到彼此的需要，并且选择大家都能够接受的方案。金钱在沟通的过程中，是必须要提的。但它不是作为主要的目的，而是作为完成共同目标的手段。

只有在感情中，将亲情放到第一位，同时，在实施之前，很理性地将敏感问题摆出来，才能够有效地实现亲情中的关系平衡。

在我和两个孩子的相处中，我很清楚地认识到，我爱我的孩子，我愿意为她们付出时间和金钱，但亲情当中，金钱关系仍然是有界限的。

比如，如果是书本之类我们约定的必需品，就是妈妈应该出钱帮助孩子购买的；而如果是玩具零食等"非必需品"，则是孩子应该用自己的零花钱去购买的。

如果零花钱用完了，可以向妈妈借，但是借了之后必须还，借与还的关系，必须理清。

那天，航航问我："四元钱有什么用呢？"我坐车的时候少了零钱，就告诉她："四元钱非常有用，能不能够借给妈妈四元钱？"

她欣然给了我。

回家之后，我一定会记得马上还钱给她。

有一次，爸爸带着孩子开车下高速路，他身上没有零钱，就向航航借了五元钱。航航回到家中，不停地唱着一首歌："借钱就要还，借钱就要还！"

爸爸马上想了起来，把钱还给了她。

我认为在这样的沟通方式中，亲人在需要的时候可以帮助我们，但又有着彼此独立的边界和界限，厘清了金钱和亲情的关系，然后才能够真正保护亲情的纯粹。

中国的城市与乡村最大的区别不是收入，而是消费观念与对金钱的支配，这样的区别会影响到家庭中的关系和相处方式。这也是很多"凤凰男"处理不好家庭关系的原因——在这背后，恰恰是不同的观念在发生碰撞。

我来自小城，爱人来自农村，我也感受到了不同家庭消费观念的差异。在和孩子们一起成长的过程中，我开始思考城市和乡村的各自优点，最后得出处理方案。

航航和洲洲一到假期，就会去乡下爷爷奶奶家。农村早已经受到了城市中的很多影响，这里有很多类似的活动，比如跳坝坝舞等。我也会陪着她们一起在乡下生活，观察着周围人们的生活。

我的第一个感觉是，农村的老年人，他们非常节约，节约主要体现在吃穿上，他们的支出可能只达到他们收入的十分之一。

农村的一些老年人，其实非常缺乏安全感，他们不得不通过储蓄来建立安全感的疆域。其实，金钱是不足以建立这种安全感的，但是由于旧的养老体制在崩塌，而新的又没有建立起来，所以他们会比较在意金钱的储蓄。

从一开始的不适应，到慢慢地了解各自的环境和习惯，我感觉到不同区域都有各自的优势。

乡村其实也受到了"金钱至上"观念的影响，但是，在农村长期流传下来的家庭金钱关系处置，有一种"权威主持"的方式。在家庭出现涉及财产分割或者义务及责任划分的敏感问题时，会请出在家族中较有影响力的长者，由他们来主持整个讨论，并设计相应的解决方案。这种民间的处置方式，往往能够有效地考虑到多方需要，并且，把敏感问题先聊开，会有效地减少后期的相关矛盾。从某种意义上来讲，这其实是属于中国民间的一种契约精神。

虽然在今天，也有农村家庭中的子女，并没有有效地执行这种预定方案。有一户农家，在分家的时候，由长辈主持，约定让三个儿子每年给父母一百二十斤米，或折算成人民币给自己的父母。但这三个儿子就从来没有支付过这笔钱，他们还会说："我父母的生活比我们还过得好。"但是我认为这是一种较重要的意识，因为它能让大家意识到了责任和义务之间的关系。

分别心过于强烈，会导致家庭中的斤斤计较。但这主要出现在前面所讲的那些缺少养老保障的老人间。分别心过于单薄，则会导致父母与子女之间的金钱来往缺少边界。比如，啃老族的产生，就往往和缺少边界有关。很多拥有良好养老保障的父母，往往具备一定的安全感，所以对子女分别心较少，他们常常认为，自己的就是孩子的，为他们买房、买车，毫不吝惜自己所拥有的一切。但总的来说，如果子女也是以同样的情感来回馈自己的父母，这样的方式，其实更加有助于维持家庭中的良好关系。

我看到在城市和乡村当中，没有哪一种金钱观念更加优越，它们都是基于各自的环境而产生的一种态度，并且，这种态度是可以相互影响和相互接纳的。

航航在她五岁的那年春节，突然说了一句话，让她的爸爸有些心酸。

她和爸爸一起打牌，当然，规则也是完全由她自己设计的。她说："打牌就是这样玩的，输了要把钱拿给别人。"

爸爸说："孩子就是这样，渐渐长大之后，就会感觉到她不完全属于你了，爸爸就会成为她口中的别人了。"

"航航一定不是这个意思。"我连忙追问道，"航航，你说的别人指的是谁啊？"

她说："爸爸啊。"

老父亲流露出了伤感的眼神，我赶紧拍拍他的头表示安慰，但这也是父母必须接受的现实。那就是孩子们会越来越独立，这种独立也会表现在经济上。

如果说最初，孩子是一个完全属于你的小圆，被你这个大圆包容在怀里。慢慢地，这个小圆会学着一点一点地放开大圆的手，直到最后完全成为一个独立的圆。

这个过程是不可逆的，而且，父母也要支持孩子去完成这个过程。

只有有了一定的分别心，孩子们才会学着去独立成长。如果没有这个分别心，孩子们会失去边界，自己的立场不知道去表达，他们会失去自我，并且被他人的视角所左右。

三岁左右的小孩，会有特别强烈的自我意识，航航和洲洲会因为一个被剖开的苹果而生气，因为她们想要的，其实是一个完整的苹果，渴望自己的表达，渴望自己的主张，也是从一体到分离的表现。

适度的分别心是成长，它让我们的孩子，能保持自己的独立和界限。但是在家庭中，过度的分别心，会带来家庭矛盾。

有的恶媳妇虽然对老去的婆婆态度很差，甚至会辱骂她，但是，在自己的母亲面前，她又是一个孝顺贴心的女儿。

如果妻子只是觉得自己的父母才是亲生的，觉得公公婆婆是别人的父母，她就不会用心去善待他们。如果大家都觉得只有自己的利益才是重要的，那么就会出现"各人自扫门前雪"的情况，家庭中会充满了坎坷和不平。

而且，分别心是会传染的，当你用你的分别心去对待周围的人，他们能感觉到，他们也会用同样的方式来对待你。这样的家庭，幸福指数不会高，因为分离感和算计会耗费掉家中用于彼此关心和体贴的能量。在家庭财商教育中，这也是需要孩子去识别的情况。

而在社会中，分别心过重的人，有可能在共事的时候，面对一些小利益过于计较，大家不会乐意和这样的人合作。

我希望我的孩子能够拥有经营家庭的智慧，对她们而言，我会告诉她们两个办法。

一是正确对待分别心。无论是面对自己的家人，还是面对自己，产生分别心都是正常的，当你看到它时，把你的感受表达出来，陈述这种现象，这会阻断分别心的继续滋长。

二是培养孩子的同理心。在承认分别心的情况之下，同理心是一种很了不起的力量。我们承认彼此的区别，但更加重要的是，我们看到彼此之间的联系。

把你所感受到的痛苦，当成我感同身受的痛苦，因为你所处的立场，我感觉到了你的需要，并且愿意在力所能及的情况下帮助你。强大的同理心，可以让我们驾驭分别心，寻找大家共同的幸福。

如果真正爱一个人，你会同样理解他对家人的爱，你一定会同时考虑到双方父母的需要，而不是非要把他们割裂开来，区别对待。

分别心像是病毒，会进一步产生分别心，同理心像是黏合剂，会让一个家庭变得更加和睦幸福。尤其是现在步入中年的很多独生子女，都是家里唯一的孩子，他们只有具有同理心，才有可能去齐心协力地赡养双方的老人。

在家庭中，不同成员要学会尊重不同消费观念的形成。我也是在点点滴滴的生活体验当中学会了尊重家人的需要。

有一天，航航拿着爷爷给的压岁钱，在那儿自言自语地说道："我外公给我的比较多。"

我告诉她们，亲情是不能够以金钱来衡量的，爷爷奶奶给压岁钱，不是必需，是为了让宝宝们感到开心和过年的味道。

而在我们学会付出的时候，要学会智慧地支配金钱，让金钱为我们服务，让它为大家带来更多的快乐。

爷爷喜欢打牌，在他输钱的时候，为了让老人开心，我会给他封一个小红包，虽然里面的钱不多，但是我想那是让老人开心的一种方式——很简单，因为你尊重了他的需要。

也许收入尚可的小家庭，都应该考虑每个月给自己的父母一定的赡养金，即便他们的经济情况还好，他们有固定的工资，并不一定需要你这笔钱，但是你付出的这笔赡养金，会增加他们的安全感。

他们知道，自己的子女已经意识到了，父母在渐渐老去，在经济条件允许的情况下，以自己的方式，去帮助父母。钱多钱少都不重要，但是最重要的，是记挂着父母的那份心意，并且在实际行动中真正地帮助他们。其实当父母们慢慢变老，他们是需要孩子帮助的，并且在这种慢慢的过渡当中，孩子们也会更加有担当，而不是一味地索取。

沙拉女士写的《严格的爱教育出的孩子》中，谈到她要求自己的孩子每个月都要给自己一定的赡养费，并且不能够用银行转账的形式，必须要用信封亲手交到她手里。我也在思考，这种方法是不是一种合理的、中国式的处理父母和子女之间关系的方式。

陈志武先生在《金融的逻辑》中的观念和她是完全不同的，也许因为出生在农村，陈志武目睹了农村的养老方式对子女的束缚，所以他一直强调，自己会做好自己老年的所有经济安排，孩子们是自由的，希望孩子们能够按自己的心意去生活。

陈志武先生是有着非常好的经济条件的，所以他有着绝对的安全感，只有像他这样经济条件好的父母，才可以完全实现这种自由。但现实中，很多父母生活在巨大的医疗压力之中。

因此，传统的反哺，仍然有着重要的意义，它让我们的家庭，形成一种紧密帮助的环，能够确保家庭的成员都有充足的安全感。

所以，我觉得应该学习城市的没有分别心；学习农村的契约精神，学会将这种反哺有意识地固定下来，合理地满足大家的需要。

航航和洲洲会在这个过程中，真正成长起来。因为真正的教育，不仅仅是言传，最重要的还是身教。

　　但我还是向往陈先生所说的那种状态，我不会要求自己的孩子为我做什么，我会很好地规划自己的财务，实现充分的财务自由，做一个自信的、有经济安全感的老太太。这样，我的孩子们就可以以她们期望的方式去自由生活。

第六节
好好地去爱自己，好好地去爱家人 ◀

又到了新年，主妇小文开始给大家准备新年礼物。

她知道，女儿越来越爱美了，此刻的她需要的是一件新卫衣，最好再搭配一双运动鞋。

儿子呢，最近他喜欢上了篮球运动，如果送他一个全新的篮球，他一定很高兴。

丈夫呢，他工作一年辛苦了，看起来他的车内饰也很旧了，不如和他一起去选一套全新的内饰。

公公婆婆，当然可以送他们全新的手机，他们也需要跟上这个时代的节奏。

小文选了一圈，给家人都准备了礼物，可是，送礼物的时候，女儿忽然问了她一句："妈妈，那你有没有给自己准备礼物呢？"

是啊，小文愣住了。她给所有人都准备了礼物，独独忘记了自己。

一、照顾包括自己在内的家人需要

所有人的需要都应该被看到，这其中容易被忽视的是自己的需要。而只有真正懂得爱惜自己的人，才能给予家人朋友恰如其分的爱。

我们觉得父母应该无私奉献，其实作为平等的个体，父母的需求也值得我们关注和满足。而有时候，这些需求的背后，并不简单是物质的呈现，深度挖掘之后，往往可以归结于安全感或者陪伴的匮乏。

父母要以身作则，向孩子们提供示范，家庭中每一个人的需求都很重要，我们要学会看到并尊重大家的需要。

有一段时间，先生回家的时候总是很沮丧，心情不太好。和他聊了之后，发现他其实很期待回家的时候，孩子们能够扑上来，抱住他，向他表示一下欢迎，这样让他可以感觉到在家庭中的存在感。

我和孩子们沟通了之后，孩子们认识到，原来爸爸有这样细腻的情感需求。

从那之后，每次爸爸回家来，孩子们总会放下自己手中的作业，飞扑到他面前对他说："爸爸，你辛苦啦，你回来啦！欢迎你回家！"

那时候，爸爸的脸上总是带着笑容，别提有多开心了。

这就是家庭中每个人的需要，有时候，当家人还不习惯主动表达的时候，我们要主动去倾听，主动去了解，每个人都能感觉到自己被尊重，被爱着。

比如一个家中，爷爷的需要是喜欢和大家一起出去吃饭，奶奶的需要是存钱，而妈妈的需要是买化妆品，爸爸的需要是外出的时候有足够支配的钱，而孩子的需要是买玩具和贴画。

这几种需要，不能说哪些是合理的，哪些是不合理的，这些需要都是经过环境和自身共同塑造的结果。家庭中的财商教育，其实更加重要的是关注到每个人的不同，并且尊重这种不同，通过合理地使用金钱，去满足每个人内心独特的需求。

二、培养孩子的整合能力

整合能力是指孩子们创造性地解决问题的能力——他们知道问题的解决方案绝对不止一个，如果只有一个方案，那就要停下来再想想，直到打破自己的思维框框。

整合能力要求孩子们学会多角度地切换思维，学会在不同利益之间找到一个平衡点。这需要在情绪觉察的能力之上，体察大家的需要，并且要在沟通的基础上，构想和实施一个合理方案。

我之所以强调这一种思维方式，是因为我一直以来为二元的思维所影响，常常在处理问题时，认为不是正确就是错误，没有更多的选择。

直到我有了孩子，我才渐渐意识到，要到达每一个地方其实都有很多条道路。而我也在陪伴孩子们成长的过程中，慢慢修正了自己的想法，能够多角度思考，并且提出更多的选项与解决方案。

米哈里·契克森米哈赖认为，"只有独特化（未经整合）

的自我，虽然也能获得极高的成就，但有陷入自我中心的危险；同样，一个人的自我若是完全建立在整合上，固然也能有良好的人际关系和安全感，却缺乏独立的个性。一个人只有把精神能量平均投注在这两个方面，既不过分自私，也不盲从，才算达到了自我所追求的复杂性"。

三、培养换位思考能力

多子女家庭其实有很多教养的优势，包括让孩子们体察彼此的需要，学会妥协，学会原谅，也学会沟通。

我认为多子女的教养有一些基本原则：

1. 无论孩子大小，都肯定孩子需要的合理性，姐姐没有理由因为自己是大孩子就无条件谦让，而妹妹也不应该因为小就要求特殊照顾。这样会让她们更加清楚自己的角色，平衡好姐妹间的情感。

2. 千万不要在孩子面前评价比较他们的表现。孩子的个性是差异的，无论内向还是外向，只要培养引导，都是成功的特质，一味地比较孩子之间的差异，会增强他们的分别心。应该无条件地接纳孩子，肯定他们自身的独特性。

3. 找到妈妈适合的角色。有朋友看到我和孩子们相处，就评价说："她们一旦发生什么纠纷，你就很茫然地在一边站着，好像完全进入不了她们的世界。"说的也对，在面对孩子们的争吵时，我常常会是天然呆的状态，但我想其实我是在寻找一个可以快速进入她们心灵的方式。孩子们都是独立的个体，引导他们彼此关爱，珍惜彼此，让他们相伴携手而行，这才是最重要的家庭教育。

四、积极健康地表达情绪

在面对几岁小孩子的情绪时，大人更加容易包容，当面对十几岁孩子的情绪时，沟通就会更具挑战。

情绪表达要清晰和有力。我们认识情绪的第一步，就是识别它，然后表达它，用理性的、能够为外界所接受的方式。

当我们学会表达情绪之后，我们就拥有了自我控制和影响他人的力量。

让孩子学会情绪表达的小方法：

第一，家长在生活中做好示范，自身要学会良好的情绪沟通方法，让他们掌握正确的情绪表达方式。

第二，总结出情绪表达的规律公式：XYZ。X 说出感受，Y 解释原因，Z 告诉对方可以如何做。这个公式非常重要，我在洲洲的三岁叛逆期开始使用。她当时的情绪爆发常常非常激烈，但是等她平静下来之后，我就会帮助她梳理情绪，告诉她怎样做更好。

第三，要有积极的信念，认识到情绪的存在其实是正常的，无论哪种情绪。

孩子的成长要经历一个个的叛逆期，三岁是第一个叛逆期，然后就是十来岁的叛逆期。

洲洲三岁多的时候，稍微有一些不如意，就会大吵大闹，说："不要你们了！"过一会儿又说："妈妈不要我了！"

我想要努力温和地对待她，但是总有抓狂的时候。那次在新加坡的飞禽公园玩的时候，她吵着要喝饮料，哭喊不休，一直抓着我往饮料售卖处拖。

这样实在是很尴尬，我说："不行，你知道大吵大闹是没有用的。我要你给我三个理由，告诉我为什么要买饮料。"

洲洲此刻根本停不下来，我知道如果我能抱住她、而她也顺从的时候，我们之间就开通了沟通的渠道，但是，孩子当时太激动了。

我足足用了半个小时，不，比这更多的时间，才让她平静下来。等她平静下来之后，我问她："给我三个理由，可以吗？"

她安静地告诉我："妈妈，因为我渴了，我想要喝饮料。而且……"

"虽然有白开水，但是你还是因为渴了，想喝一些有味道的饮料是吗？现在洲洲学会了平静地沟通，告诉妈妈三个理由。妈妈刚才很生气，现在也好些了。"

过了一会儿，我们终于找到了餐厅，我给她们一人买了瓶饮料。这时的孩子们，已经完全能够平静下来，并且清楚地表达自己的需求了。

当孩子进入青春期之后，更需要家长们掌握沟通技巧，这个时期孩子们面对身体的变化，独立意识增强，在与父母的沟通当中，会建立应对外界的模式。

面对一个表达激烈的孩子，你需要做到以下四点：

1. 深呼吸，当听到孩子的话语之后保持冷静。你要知道，他们不是在反抗你，而是在学着独立，这是一个必经的阶段。

2. 校正。当他们说出一些误解的话语时，记得简洁有力地更正。比如，当孩子说："你总爱冤枉我！"你可以简单地回应道："我的表达可能让你有误解，但我的本意是……"然后将自己想要表达的意思简单陈述。

3. 简洁再简洁。面对青春期的孩子，简洁是一种最好的沟通方式，如果你说得太多，他们反而会产生逆反心理。

4. 适当使用一些小技巧。比如，一位妈妈知道孩子对班上的老师有意见，而她也知道这位老师是一位优秀的老师。如果她直接表达自己的观点，孩子不一定能接受，于是她就以退为进地说道："我有一些自己的看法，我不知道对你来说有没有参考价值。"然后她就保持沉默。而这个时候，孩子好奇心很强，他催着妈妈说出了自己的想法，然后很自然地接受了妈妈另外一个角度的观点。

与孩子们的沟通，真的需要我们放下权威的架子。孩子们也在促成我们的学习与成长，让我们重新经历一次童年与青春期。沟通，也是父母和孩子双方共同学习的课程。

五、让孩子们认识各种情绪，并学会观察与驾驭情绪

有一位朋友，她在2008年的牛市顺利地全身而退，带着她在股市中得到的丰厚回报开始了潇洒生活。

我问她："你是怎么做到的？ 2008年股市6000点的时候，大家都认为股票肯定是不会下调的，奥运会

结束后才有可能会出现下滑。"

那位朋友悠然地回答道:"你知道,我是上海股市最早的那批红马甲,在当年股市第一次崩盘的时候,我没有走成。所以这次我觉得我已经赚够了,就应该卖出了。"

还有一位朋友,他在投资中原本获得了超过200%的利润,但是当股市价格下跌的时候,他仍然怀着一丝期待,期待那跌去的利润还会很快回来,结果就这样在一路狂跌当中,他的本金损失了一半。

事实上,在孩子们未来规划理财时,他们始终要管理好自己的情绪,并且作出自己的判断,选择适合自己风险偏好的投资方向。如果他们能够管理好自己的情绪,就能够更加客观地进行选择。

在驾驭金钱的道路上,有两种情绪最为常见,也最能够体现大家在财富道路上的区别。那就是贪婪与恐惧。

巴菲特说过这样一句话,"当市场恐惧时我贪婪,当市场贪婪时我恐惧",这句话讲到情绪对市场投资的影响。

那些真正能够理解自己情绪的人,他们在面对人性的贪婪和恐惧的时候,也更加能够作出在投资中准确的判断。经验常常是来自失败的教训,但是,如果我们学会如何和自己的恐惧与贪婪共处,也会影响孩子获得这样的能力。

人们常常是因为贪婪而持续地买入已经涨得很高的股票，总觉得"还会更高"，而人们又会畏惧去购买在低点的股票，总觉得"大家都在减仓"。因为贪婪而持有，又因为恐惧而卖出，常常阴差阳错，找不到那个对的点。成功的人，恰恰相反，他们选择一条和大多数人不一样的道路，就如巴菲特所说："在市场恐惧时我贪婪，在市场贪婪时我恐惧。"

这两种情绪，是在财富道路中最容易遇到的情绪。所以，有胆识驾驭金钱的孩子，一定要直面自己的恐惧，节制自己的贪婪。

我家附近有打弹珠的地方，看能不能把弹珠打进洞里去，每次胜出的机率都不一样，严格来说，是一个碰运气的游戏。

别的孩子，通常要把自己手中所有的弹珠一起打完才回家。但是航航是这样，她会很投入地打弹珠，常常四五次里面会有一次赢的，她就会把赢的弹珠拿出来，再用刚才买的弹珠去玩，买的弹珠打完，她就会结束游戏，拿着赢的弹珠回家了。

"为什么不打了？"我问她。

她说："这是我赢的，不想再打了。"

航航会小心地把这些弹珠存起来。

有时候，在小孩子身上，我学到了很多智慧。大人们常常会觉得自己会是运气最好的那个，又常常被股市致富的新闻所刺激，赚了还想再赚，一不小心就被套很久。

但是孩子的心是单纯的，她只想要留住几个弹珠下次再玩，并没有想过要赚取更多的弹珠。

在她身上，我看到了一种力量，叫作"节制"。节制是一种感激，一种满足，有节制的人，不会被市场的热潮所操纵。他们会冷静地观察和分析整个市场，看到整个趋势之后，再选择最有利于自己的。

后来，洲洲也喜欢上了打弹珠，我也会启发她，在打弹珠打到赢的时候，把赢的弹珠留起来，用于下一次的游戏。

我也常常会在孩子们面前主动说："这次，你表现得很有节制，真的很棒！"

通过一些日常生活中的观察，在点点滴滴间去肯定孩子们情绪的变化，可以帮助他们识别情绪。这样有助于他们与家人相处，有助于他们在以后的投资中更加理性地作出判断。

增强孩子的幸福感受力

第八章

创意财商意味着不会因为缺少金钱而导致急迫感和匮乏感，相反，拥有创意财商的孩子内心有一种充沛的感受，对未来有积极的预期，并且能够采取行动去创造财富。

无论拥有金钱的数量多寡，他们都能够调整相应的生活方式来让自己获得最大程度的心灵满足。如果成为一个企业家，他是幸福的；如果是一个普通的家庭主夫，他也是幸福的。

所谓的金钱，不过是社会希望你获得的资源总和，要在这种环境中生存，更加重要的，是孩子们能够找到自我，找到自身前进的动力，在社会链条中发现自己喜欢并且能够做到最好的事情，再将它转换成资源回馈。

航航三岁时，我给了她一百元，让她负责和表哥一起预算和买书。

航航在等待表哥的过程中，选了一个橡皮泥，二十元。但是我让她再等等哥哥。

因为哥哥看得很专心，所以航航跑了两三次，他都还在看书。我都等待得不耐烦了，可是航航担心哥哥一个人，她要继续等。

航航比我还有耐心喔，但是，她每次都会说"不要和别人比"了。每次大人把她和别的小孩比较时，她总会这样说。

只是因为某一次我和她说过"和别人比不好，比别人好你会骄傲，比不上别人你就会不开心"。

我常常告诉航航，要专心做自己的事情，一天天超越昨天的自己，而不要盯着周围的人。要做到这点很难，因为人总是活在社会中，但是如果想要活出真正的精彩，就要找到自己的内心标准。真正的幸福，来自拥有敢于竞争，但同时不比较的勇气。

幸福＝设定点＋生活环境＋意志活动。这个公式是由美国加州大学心理学家索尼娅·柳博米尔斯基、谢尔登和施拉德提出的。公式告诉我们，幸福不是一种状态，而是努力和选择，这是人的意志活动，而意志获得能够产生持续的效果。这个强调人类意志活动与幸福关系的公式，让我想到我总结的一个规律：知足而常乐，知不足而进取。

知足而常乐，应该是在生活的感受层面，我希望自己的孩子能够提高对生活之中细微之乐的感受力。也许每一个小孩，在健康状态下都应该是这样，为了一个冰淇淋而欢呼雀跃，为了妈妈的一个拥抱而感到幸福。这种敏锐的感受力，也是这个公式中所讲的"设定点"，要让孩子们充分感觉到，生活中的分分秒秒，我们都可以努力挖掘这样的一种细微体验。

知不足而进取，指的是我们的意志力可以带来改变，拥有这样生活态度的人更加有掌控力，更能够感受到意志所带来的力量感，也更容易体验到幸福。

米哈里·契克森米哈赖认为："改善生活品质的主要策略有两种：一是使外在条件符合我们的目标；二是改变我们体验外在条件的方式，使它与我们的目标相契合。"

事实上，认识到金钱的边际效应之后，人们可以有更多的方式去改善生活品质。积极地运用金钱，增强我们感受的丰富性。

幸福指人们无忧无虑、随心所欲地体验自己理想的精神生活和物质生活时，获得满足的心理感受。既有精神生活的部分，也有物质生活的部分，物质部分是没有穷尽的，而物质的良好状态是幸福的保障，关键在于实现"知足而常乐，知不足而进取"。

第一节
创造更多愉悦体验 ◀

我的一位同事，无论她是独处还是和别人生活在一起，总是能自得其乐。她懂得去创造很多生活当中的小喜悦，像是画画，像是听音乐，又像是捡到一小块漂亮的石头，她都能够乐在其中。

花了一点钱买了食材，然后耐心地把它烹调成美食，她的幸福感是那么真实。

她与爸爸的关系很好，当谈起童年时，总感叹爸爸教会了她去爱。外出旅行时，她总会记得给爸爸买他最喜欢的礼物。

一方面，她有自己喜欢的工作，能够从中获得成就感和意义感；另一方面，她巧妙地使用金钱，让自己和家人都能够时不时地体会到小小的幸福感，而这些幸福感累积起来，就成为持续的幸福体验。

而这一切，又是如何受益于童年时期的经历呢？

据她所说，她小时候，父母给了她很多高质量的陪伴，让她无论在什么时候都感觉很满足。爸爸还会送她很精美的礼物，每一份都很用心。所以，她在英国访学的时候，在古董店里给父亲精心挑选了一枚怀表，她说，只要想到爸爸拿着这份礼物开心的样子，就很满足。

学业成绩现已成为家长与孩子们奋斗的重点目标，但那并不等于一切。因为在孩子们一天天成长的过程当中，他们是不是能够感受到幸福，他们是不是能够体会到生命本身的乐趣，才是家长们一直要持续关心和关注的。

在克里斯托弗·彼得森所著《积极心理学》一书中，作者描述了四种通往幸福感的方式：愉悦的体验、投入、意义和成功。

愉悦的体验是指日常生活中的一些美好体验，像是洗了一个热水澡，又或者是在路边看到一朵小花，心中有美好的感觉；体验到风吹过脸庞，因而有活着的感觉——幸福是来自心中。就像电影《心灵奇旅》所讲的生命中的小小火花，它们共同累积形成我们对生活的感知。

要鼓励孩子们去体验这种细小的美好，吃饭的时候，引导孩子们感受饭菜的味道，让他们全身心体会这种细腻而美好的感知。

愉悦的体验不一定需要花钱购买，在某种程度上，它真正需要的是想象力和创意。就像我在前面所讲，真正的创意是使用有限的钱，带来最丰富的体验。我们把拥有美好品质和生活创意的人叫作创意生活家。

另外，愉悦的体验，来自对自己的了解，个人偏好是怎样的。幸福的感受是一种体验，它来自我们从小到大所累积的经验总和，也来自我们从周围环境中所感受到的经验。

每个人都有自己独特的对幸福的理解，有的人以付出为幸福。有一位朋友，她嫁给了自己的丈夫之后，为了生计，每天都要凌晨三点起来批发菜，到菜市场去卖，晚上八点才能回家吃饭。每天都是这样披星戴月，但是她觉得充实且快乐，自己的生活有存在感，那么，付出是她对幸福的理解。

幸福的珍贵，恰恰就在于这份独一无二，所以，创意财商，最重要的，就是了解幸福是什么，了解自己想过什么样的生活；而一旦得到之后，也能够懂得珍惜。

创意财商第一步，就在于能够发现生命中最珍贵的美好事物。

父母所感受到的快乐，他们所理解的生活，就是这样深刻地影响着我们。父母对幸福的感受能力越强，孩子们就越能够受到潜移默化的影响，学会驾驭金钱，去感受幸福与快乐。

当父母能够了解自己，知道自己想要的愉悦体验是什么，然后在点点滴滴的日常生活中去创造出属于自己的愉悦体验，相信孩子们也同样能够感受到这种幸福，并将其深深烙印在自己心中。

愉悦体验有这样一个规律，它会有一个波动，在到达峰值之后会渐渐趋于平缓，那么，"多样化"的消费原则可以在愉悦感渐渐趋于平缓之前，带来更多的愉悦体验：

1. 消费多样化，在消费到达满意点之前，开始尝试多样化消费；

2. 消费过程要多样化配置，物质消费和精神消费同样重要；

3. 学会用更加多样化的方式向家人表达爱意。

游戏精神让孩子们更有活力

《最强大脑》节目中，少年李云龙对战号称意大利最强大脑的少年安德烈。他们要记住五十一对新人的站队顺序。

我看到李云龙在快速记忆之后，抢按了计时铃，而那个少年安德烈，面对对手的抢先，不焦不躁走完了全程，从容地按了铃。是的，从容是他给我的感受。

而后从安德烈开始验证正确率，这少年的确很厉害，所有的顺序他全答对了。这时，所有人都看到，李云龙哭了，他不停地重复着："我记对了，可是摆错了……"

这句话重复了不知道有多少遍，他的情绪就这样在所有人面前崩溃。

他的爸爸在台下对着他吼："行了，行了！"

那个时刻，我无比讨厌这个男人。我不知道，为什么一个小小的游戏，会在他心中，激起这么强烈的反应。用陶晶莹的话说，他会觉得整个世界都崩塌了。

少年安德烈也哭了，他说是因为看到李云龙那么伤心。

那是一种被压力击溃的感觉。我想我们都曾经体会过这样的无奈，所以，自由与从容，显得是那么难得。

最后，形势有了极大反转——李云龙摆放顺序是对的！所有的人都在欢呼，李云龙也激动地笑着，和自己的爸爸紧紧相拥。

可是，我宁可自己的孩子是安德烈，这并不是说，她们必须有他那样高的脑力，而是我希望她们可以有他那样的从容。无论优秀与否，平静地感受自己所过的生活，淡然地面对生命的起落。就像之前，安德烈看到李云龙赢了，他也在笑着——这本来就是个游戏，小小的游戏！

我们的孩子，需要这种缺失了太久的游戏精神。我们也需要这样的精神——放下执着，不纠结最终的结果。

人活着就要"知足而知不足，知足常乐，知不足而进取"。在家庭中，我们要懂得知足和珍惜，在向外拓展版图的过程中，我们又要积极努力，敢于冒险和打破。

游戏精神非常重要，这是因为：

1. 游戏精神鼓励尝试；

2. 游戏精神鼓励探索未知的世界；

3. 游戏精神鼓励孩子们相信美好，在无聊中创造出乐趣。

游戏，符合孩子的天性，也是他们最早感受到金钱魅力的途径。

我拿出了一顶小小的新疆帽，在孩子们面前不停地晃来晃去。

"谁想要戴这顶新疆帽？戴上了就可以卖羊肉串喔！"我大声地说道。

孩子们哈哈地笑着，没有人来，于是我把帽子扣到了自己头上。

"羊肉串呢，好吃的羊肉串呢！谁来买羊肉串呢？"我很认真地假装卖羊肉串。

"我要买一串！"

"你有多少钱？"

"我有两块钱！"

"你买一串，我找你几块钱？"

"一块钱！"航航高兴地说道。

于是我假装把羊肉串递给她。

洲洲也高高兴兴地来试了试。

"羊肉串呢！棒棒糖味道的羊肉串呢！还有烤茄子、烤土豆、烤红薯、烤豆腐！好吃着呢！"

航航又很兴奋地来买了，我看洲洲站在一边，有些手足无措，就一把拉过她，叫道："我需要一个做帮手的娃娃，你能不能帮我表演新疆歌舞？还有能不能帮我撒辣椒面儿？"

洲洲一个劲儿地点头，在航航买羊肉串的时候，她就站在一边唱着儿歌。

"麻烦给我加点辣椒！"航航大声对洲洲说。

洲洲马上努力地撒了几下，我提醒她："要记得说欢迎光临喔！"

她马上跟着学道："欢迎光临！"

大家欢乐地卖羊肉串儿，也练习着计算能力。

孩子们需要游戏精神，这让他们敢于面对一次又一次的挑战，无论结果如何，都不会失去自己的斗志。

只要是在能够确保温饱问题的前提下，原本买大牌的稍微买一个小品牌；原本吃大餐的，可以关注优惠券，或者改为吃路边摊。消费方式的改变，对于那些能够适应任何环境的人来说，根本就不会产生太大的影响。

就像是一艘小船在大海中航行，无论波浪如何起伏，如果这艘小船都能够稳稳地保持着自己的重心。这种在任何变化中都能够稳定前行的品质和游戏精神紧密相关。

米哈里·契克森米哈赖认为："其实别人对我们的看法或我们所拥有的一切，跟生活品质并没有直接关系——真正重要的是我们对自我和所遭遇的事情做何种阐释。改善生活，唯有从改善体验的品质着手。"所以，孩子们如果拥有游戏精神，就能够有更丰富多样的方式理解自己的生活，也会活得更加从容自如。

那么，如何培养孩子们的游戏精神呢？我认为有以下几种方法：

1. 参与竞争与对抗，但不要太在乎输赢，以提高自己的游戏精神。

2. 多看一些国际比赛，从运动员身上，感受到什么叫作体育精神。

3. 面对失败，学会勇敢地幽默一下自己！

4. 更加重要的，是父母的态度，归根结底，教育就是身教大于言传。

第三节

▶ **体验金钱在生活中的积极流动**

在我的心里打勾勾，是我为航航和洲洲所设计的一个家庭游戏。表现好的话，我就会宣布："航航，你在我心里面有十几个勾啦！"

航航是个很在乎荣誉的人，所以就会非常努力和认真地表现。

等到航航存够二十个勾勾的时候，我会让她自己选择，兑换一份自己喜欢的礼物。

有一天下着雨，我带着航航去文具店买了贴纸。回来的路上，我问航航："开心不开心啊？"

"当然开心啦！我存了好久的勾勾，才等到这些贴纸喔！"航航小声地说。

我笑了。喜欢看航航为了某个目标，耐心努力的样子。

不过，后来当她们再长大一些，这个方法就行不通了。

有一位妈妈对孩子采取的是记分制，完成背书和写字可以得分，完成练琴也可以得分，孩子得到了一定的分数，就可以换成零花钱。

我对孩子们说："你们觉得这个方法怎么样啊？"

她们异口同声地回答我说："不好！我们要固定的零花钱！"

你可以试着问孩子：如果蛋糕上有一块红色的草莓，那么，你会最先吃还是最后吃呢？

据说乐观的人会先吃掉草莓，再吃蛋糕；而悲观的人会把草莓留到最后才吃。

延迟满足的人会喜欢凝视着那颗草莓，是不是在凝视中能够找到不太一样的快乐呢？每次看到那小小的草莓还在，我们心中会不会更快乐一些呢？

但是也有更多的家长提出了及时满足的观点，认为及时满足的孩子会获得更多的积极反馈，更容易得到当下的快乐。

我个人认为，应该鼓励孩子学会等待，但等待之后一定要让他们感受到如期的满足。让孩子学会适当延迟满足，应该是财商教育中重要的一个环节，这样的环节会引起孩子们的储蓄行为。

但储蓄并不是人与金钱关系的终点，我们还要让金钱在人与人之间流动起来。简单来说，孩子们还要知道，钱不仅仅是用来存的，要把钱用到更有价值的地方。

事实上，在航航四岁多，洲洲不到两岁时，我们就试着来讨论红包的使用了。

我常常在航航小时，让她和我一起去银行取钱。回来路上和她讨论，除了自己收一些红包之外，到底应该封多少钱给长辈。

对于一个三岁的孩子，压岁钱意味着什么呢？意味着亲情的维系。老公说他小时候对家里压岁钱开支都知道，所以钱都小心存起来，我也是这样做的。

航航把钱一字铺开，放到床上，然后说："外公三百，爷爷四百，外婆五百……"

她都安排好了，然后突然问了我一句："妈妈，你需要压岁钱吗？"

我说："我也想要压岁钱啊！"

"你是大人啊！等我长大后给你发吧……"

"现在也可以发一点喔，妈妈也很喜欢红包。"

"好吧。"孩子想了想，终于单独给我准备了一百块。

其实，金额多少并不重要，关键是让孩子知道，钱是流动的，不仅仅是流入自己的口袋，还要用它来为周围的人创造更多的快乐和幸福。

航航和洲洲，她们平时自己都很抠门，可是当她们听说，我学校里有学生生了重病，正在网络上筹款的时候，她们就会主动地说："妈妈，请代我们捐款吧！"

我也在仔细地观察孩子们的消费，当航航进入小学高年级之后，她会在和同学们的交往中消费，比如说买生日礼物，去参加一些活动。这方面，航航的安排总体还是比较合理的，她会精心为朋友挑选她们喜欢的礼物，同时也不会过于浪费。

金钱是我们在社会生活中处处要使用的资源，当孩子们慢慢长大时，要鼓励他们学着得体地花钱，学会把钱用在需要的地方，让钱积极地流动起来。

我曾见过这样一个家庭，爸爸和妈妈从年轻时候起就过着节俭的生活，连一块米糕都舍不得买来吃。当他们年纪渐渐大了，生活也一天天好了起来，有了更多的储蓄，他们还是保持着节俭的习惯。这一辈子，他们都没有在自己身上花钱的习惯。

他们有很好的储蓄习惯，存下来的钱，最后一笔笔地都交给了自己的孩子，他们说："我们的钱就是你们的钱。"

孩子更想让他们学会好好疼爱自己、照顾自己，而不是把一直存着的钱都给自己。于是，他把拿到的钱为父母购买他们需要但舍不得买的东西。

孩子们要学习使用金钱，让金钱以它最适合的方式积极流动起来，为大家创造快乐，让它为家人朋友，还有那些需要帮助的人们带来惊喜。

第四节
▶ 体会管理金钱带来的效能感和自信

　　初中时的我过着很平凡的生活。那时候，我很喜欢写文章，有一天，我鼓起勇气将我自己写的诗歌投稿给了杂志社。那时候投的都是手写稿，需要一封封在邮局寄出。

　　信件带着我的期望飞向了不同的少儿杂志社，后来，我几乎快把这件事情忘记了。忽然有一天，我收到一封来信，那是一家全国发行的杂志，告诉我作品发表了。我得到了第一笔稿费。

　　同学们吵着要我请客，但是我冷静地拒绝了。我给爸爸买了个刮胡刀，给妈妈买了洗面奶，剩下来的钱我匀着买了零食。

　　爸爸的刮胡刀用了近十几年，他非常喜欢那个刮胡刀，而那段时间，自己挣钱，自己规划用钱，给家人买礼物的幸福感一直在我心里。我感到自己挣钱并自己安排的成就感，那让我觉得自己是独立且自信的。

　　我知道，那就是通过自己劳动所得创造幸福的感觉。写作一直是我的爱好，坦率地说和那种幸福感是紧紧联系在一起的。

　　当孩子们到了小学阶段，我也开始鼓励她们写作，我也试着把她们的稿件投了出去。洲洲给我讲了一个她做的奇妙的梦，我和她一起，记录了下来，写成故事发表了。然后，我再把所有得到的稿费都给了洲洲，我相信她自己可以好好地安排这笔小小的收入。

　　她请大家吃了好吃的，而且还给外公外婆发了红包。剩下的钱，她请我帮她存进了自己的银行账户。看着她欢乐的面孔，我想，那就是一种在管理金钱中获得的成就感和快乐吧。

我们为什么鼓励孩子自己管理和支配金钱？

　　一方面，当孩子们能够体会到创造金钱的快乐时，他们将能够获取更多的掌控感，这种掌控感意味着他们能够体会到自主带来的快乐。

　　另一方面，当孩子们能够体会到自由支配金钱的快乐时，他们也能够更好地意识到"自主"在提升自己幸福感上产生的力量。

　　孩子的安排不一定是合乎家长心意的，但是既然他们得到了金钱，就应该让他们试着去安排及规划，这样也会提高他们规划的能力。

我的具体方法是——零花钱，让孩子自己管。让她们体验金钱带给自己的掌控感。

我们家的零花钱会每个月定期发给孩子们，还会举行一个颁发仪式。

爸爸和我伴随着音箱放出的慷慨激昂的背景音乐，会充满激情地在颁发零花钱时，表扬孩子们这个月又取得了哪些进步。

比如，她们帮着家人做了什么事，比如，她们又在学习上取得了哪些进步……这些都是我们在零花钱颁发仪式上会讲到的。而零花钱给了孩子之后，我们会尽力尊重她们的消费方式与选择。同时，也让孩子们知道自己的消费是要自己负责的。

航航总是说要买贴纸，我理解她想要收藏的小小心愿，因为我也是这样过来的，可是，每天都要去买贴纸的话，那钱包可实在受不了啦！

有一次，我对航航说："这样，这个月我给你五块钱的零花钱，你自己决定买什么吧……不过，用完了，这个月可就没有钱了！"

同时去的还有洲洲，洲洲也有自己的五块钱。店里的阿姨推荐了一个五块钱的打珠珠的游戏机，航航很喜欢，拿出自己所有的钱，买了一个，还差点用妹妹的钱也买了一个。

洲洲呢，选了半天，买了一个两块钱的贴纸，又送给朋友一个一元钱的小车，还剩下两元钱。

第二天，航航找到我："妈妈，我想要买贴纸。"我很平静地告诉她，你把零花钱都用完了，要下个月才有钱可以买喔！

她不甘心地哭了起来，哭得非常伤心。我没有理她，外婆和她讲道："我们每个人都是有预算的，每个人所花的钱，都是根据自己的收入来规划的。"

后来，航航终于不哭了。但那之后，她的确学会了量入为出。

家长有必要在陪伴孩子成长的点点滴滴中，让他们获得属于自己的奖励，规划自己的收入。

航航的第二笔收入，是她画画得了优胜奖，得到了二百元钱。

我问航航，你愿不愿意请大家吃顿饭啊？

航航点点头。于是，航航就请我们一起去吃了顿饭。吃饭的时候，我不停地赞美航航的慷慨，表达她和我们分享时我们的快乐。

我对孩子们的期望是：既学会储蓄，也知道享受生活，懂得和家人分享自己的财富。当然，对金钱的积极观念还来自生活中父母的言行影响，可以说，父母就是孩子们处理与金钱关系的领路人。

航航十一岁时，我的手机因为使用很久，运行非常慢，于是她和妹妹还有爸爸商量，每个人出资一部分，给我换了一款新手机。当我拿到这手机的时候，我会感觉很心疼，因为它很贵。可是，当我想到家人们的用心，他们所付出的爱与金钱，我克制住了自己想要唠叨的冲动，而是爽朗地对他们说："谢谢你们！"

当孩子们知道，他们的付出，父母会感受得到，会因此很幸福的时候，他们也就会懂得付出是能带来欢乐、带来幸福的。而在自主支配零花钱的过程中，他们学着驾驭金钱，使用金钱，这会让他们变得更有力量。

持续不断的幸福

马丁·塞利格曼在《持续的幸福》一书中引用洛约拉大学（Loyola University）的布赖恩特和维洛夫的研究，介绍了以下五个提升幸福感知力的方法。

1. 与别人分享：你可以与人分享经验，让他知道你多么珍惜这个机缘，这是预测愉悦程度最有效的指标。

2. 建构记忆：将当时的情景印在脑海中，或是找个纪念品使你以后可以跟别人分享当时的体验。布赖恩特捡了那块石头并把它放在电脑旁。

3. 祝贺自己：不要害怕骄傲，告诉你自己别人是多么看重你，并且想想你已经为这一天等了很久。

4. 使知觉敏锐：把注意力集中在某些方面，把不想要的排除在外。当尝一碗汤时，维洛夫说："这碗浓汤有股煳味，因为我不小心煳了底，虽然已经把焦的部分丢掉了，但是煳味仍然渗到了汤里。"

5. 专注：让你自己完全沉浸其中，不去想别的，只是感受。不要去想应该做的事，不要去想等一下会怎样。

这五个方法非常实用，它能够提升我们对幸福的感知力，能够进一步增强我们对生活中点滴幸福的感受。

而在另一方面，米哈里·契克森米哈赖围绕着"心流"的研究，也提出了增强与幸福相伴乐趣的方法。

"所谓乐趣，是指一个人不仅需求和欲望得到满足，更超越既有制约，完成了一些意料之外的事。乐趣的出现主要有八项元素。一般人回想最积极的体验时，至少都会提及这些元素中的一项，或是全部。首先，这种体验出现在我们面临一份可完成的工作时。其次，我们必须能够全神贯注于这件事情。第三和第四，这项任务有明确的目标和即时的反馈。第五，我们能深入而毫不牵强地投入到行动之中，日常生活的忧虑和沮丧都因此一扫而空。第六，充满乐趣的体验使人觉得能自由控制自己的行动。第七，进入'忘我'状态，但心流体验告一段落后，自我感觉又会变得强烈。最后，时间感会改变——几小时犹如几分钟，几分钟也可能变得像几小时那么漫长。"

他认为，幸福不是来自享受，而是伴随着挑战的乐趣而产生。个人要寻找到自己适合的领域，并且通过持续的努力，一次次地去挑战自己，创造生命中的惊喜，这样才能持续不断地收获乐趣，寻找到幸福。

在福建厦门，有一次我去参加学校的讲座，听到那里的校长讲起学校里的一位校工。那位校工看起来很平凡，但是校长告诉我们说："知道吗？他可是学校里最有钱的富翁！"

原来，这位校工因为家里拆迁补贴而获得了上千万的资产，还有源源不断的租金收入，哪怕不工作也是可以活得很轻松的。可是他和老婆觉得，要是人没有什么事情做，天天打牌，那也太没有意思了。

所以，他俩都在学校里找了工作，每天勤勤恳恳地打扫着卫生，拿着微薄的薪水，可他俩都乐呵呵的。他们说，在这样的工作当中，有同事，也认识了新的朋友，他们觉得挺好。

当我们在谈论大热的"财富自由"时，我们究竟想在财富自由后做什么呢？

在我看来，财富自由不是一个终点，它恰恰是一个全新的起点。我们通过工作，通过寻找到自己真心想做的事，去寻找和创造意义，而这也是创意财商赋予孩子们的内驱力。

罗伯特·T.清崎在《富爸爸——富孩子，聪明孩子》里面讲到，家长的观念需要更新，家长要发现孩子的赢配方，这种赢配方，不在于学校唯一的标准，而在于属于孩子独一无二的个性和天赋。

航航的第一次打工，是去当花童。提前好几天，航航就很激动地说："我要去当花童了……"婚礼前两天，花童衣服收到了，是非常漂亮的白色芭蕾裙，还有一个漂亮的蝴蝶发卡。我们在家里练习了几次，航航非常开心。

我因为生病所以没有去婚礼现场，外公和爸爸录了像。航航刚开始有一点紧张，后来，她就慢慢放松下来了。特别是最后的关键时刻，有一个小花童哭着不上台的时候，航航表现得非常淡定。她和乐乐哥哥一起，紧紧地牵着新娘的裙子，稳定而从容地走在红地毯上。看到这样的航航，我太开心骄傲啦！不知不觉，我的孩子已经成长得这么乖巧，在关键时刻，表现出众。

后来，房叔叔给了航航一个红包，里面有六十八块钱。这

是她第一次打工挣到的钱啊，这个宝贵的红包，我放在她自己
的箱子里了。

"航航，你知道吗？有的人专门通过帮助别人举行婚礼而
挣钱。他们发现用户的需求，了解他们想要一个什么样的婚
礼，再帮助他们去执行，这样的服务大家都非常需要和喜欢，
因此也很感谢他们。"

想要获得持续的幸福，需要孩子们去追寻自己生命中最富
有热情的事，找到那件可以忘情投入的事，并且在其中体验到
丰沛与自控感。

在日常生活中，我们也可以引导孩子们去发现自己愿意倾
注热情的事，他们就会一直保持内驱力。

第九章

爱才是金钱的本质

　　有个女孩疯狂地迷恋购物，无论是双十一还是双十二，只要购物的号角吹响，她就会狂热地投入。她说最喜欢收到快递的感觉。

　　她囤积了很多东西，从面膜到衣服，看到大包小包的东西，她就会觉得很满足。很多东西买回家之后，她都没有兴趣拆。

　　但她总觉得自己缺东西。

　　后来，女孩认识了一个做志愿者的朋友。朋友平时总是衣着朴素，可是一旦有机会，她就会去帮助那些需要帮助的人。在朋友的那些活动当中，她交到了新朋友，也感受到了被需要。渐渐地，她购物的频率降低了。

　　当女孩建立起和世界紧密的联系，她感觉到了爱，也感受到了内心的满足感，她发现自己不再需要通过频繁的购物找存在感，她也感受到了更多的爱。

　　原来，女孩在被忽视的环境中长大，因为种种原因，她六岁之前在乡下和外婆一起生活，直到读小学才被父母接回到城里。

　　由于分离，她没有和父母建立起紧密的依恋关系，所以购物成为她感受到自己存在的方式。而当她开始和他人亲密互动，就不再需要通过购物来缓解压力了。

　　爱是我们所有追求的起点，我们渴望获得社会的认同，渴望被羡慕，渴望被关注，其实背后的最根本需求，不过是爱。《了不起的盖茨比》这个故事中，大亨一生追求的，促使他去创造财富的，不正是爱吗？

　　让孩子们提高财商，最重要的是让他们意识到让金钱变得有意义的，是爱，而不是其他。

　　只有在爱的前提下，金钱才会让生命更有价值和意义。

　　很多时候，大人会犯一种错误，就是把金钱和爱对立起来，其实，金钱不过只是一种工具而已，它们承载着生命的能量，放大我们的内心。

　　只有当内心是虚荣的时候，金钱才会导致更多的虚荣。

　　为了让孩子与金钱好好地相处，与它结盟，并且善用这种力量，财商教育中的第一步非常重要，那就是对爱的认识，接受爱至高无上。这样孩子就会知道，金钱的真正意义，在于它帮助我们的工具属性，而不会本末倒置。

　　所以，关于金钱的智慧，最根本的是让孩子有颗感恩的心，并且相信，有了爱才能够更好地驾驭金钱。

第一节

▶ # 金钱背后的安全感

朋友家的孩子，活泼聪明，但在消费过程中表现得有点早熟，斤斤计较。通常他会尽量花同行朋友的钱，表现得非常"抠门"。

分析他父母的消费模式，会发现他妈妈和爸爸一直实行的是 AA 制。爸爸的收入独立规划，妈妈在经济上其实是有着很大的不安全感的，虽然她也有稳定的工作，但由于收入有限，一直都很节俭。

在妈妈的强烈要求下，爸爸将自己的工资部分上交给妻子，之后他发现妻子变得大方起来，这种大方体现在与人交往中。妻子的消费观念变了也影响到孩子——孩子变得不再那么计较。

一、父母之间的关系，影响着孩子与金钱的关系

在一次咨询中，我遇见了这样一个家庭。这个家中有一个儿子和女儿，妈妈 K 是全职。女儿对金钱表现出矛盾的态度。

有时，她会随意扔掉一元的硬币，有时又对金钱表现出匮乏。

　　她常常会把得到的所有零花钱或者是红包，购买看起来很糟糕的东西，并且一次花光。父母对这样的行为表现出强烈的反感，她被父母认为在财富观念中存在问题。当我与其父母深入交谈后，发现这个女孩的家庭存在亲子关系问题。

　　强调纪律感的爸爸，对女孩一直要求很严格。弟弟刚刚出生不久，母亲关注的焦点都在弟弟身上，身为全职太太的她面临很多压力，而这种压力最终又释放到女儿身上。在交流过程中，她反复谈到，女儿让她感觉很烦。

　　这是孩子在用她的方式宣示对金钱的主权——她在抗议，你们对我的行为（包括花钱方式）管得太多了。

　　女儿最大的困境在于身上根深蒂固的匮乏感，金钱是一种能量，她缺少家庭中的充分接纳和支持，缺乏学校环境中的理解。同时，她也没有对自己生活的决策权，这些表现为她行为中的矛盾性。一次性花光全部金钱，并不是我们所想的大手大脚，而是源自严重的匮乏感的报复性消费。

　　消费原本是基于理性的，但是匮乏感会导致我们用一瞬间的消费来获得内心的满足。女儿的匮乏感很有可能是来自她的母亲，她的母亲在所处的环境中，其实也缺乏安全感。这很有可能是因为自己经济上无法独立。

　　而且这个妈妈应该已经意识到自己家庭的状态，所以才积极地参与到咨询中来。

　　我的建议是通过赋予权利，来逐步解决内心的匮乏感。

　　我提出了以下方案——

1. 要求妈妈和女儿一起逛街，由女儿决定所有的购买行为，妈妈跟随女儿的决定，不得有任何的批评。

这是尝试着赋予孩子权利。在任务完成后，一定要及时总结，让她享受金钱所带来的快乐，而不是感受匮乏。

2. 让孩子独立管理零花钱。零花钱的使用应该保持一个合理的状态，并且在消费过程中，不要增加孩子的负罪感。让她感受到零花钱带来的正面能量——这是我的所有物，我有权自由支配它，有权通过它去购买我认为有价值的东西，即使犯错了，也可以在错误中学习。

3. 建立孩子的自我认同。悄悄采访孩子的同学和老师，给她一个神秘的礼物：每个人都说出一个她身上的小优点，这样会产生一种累积的效应，让她重建不再通过刻意表现或者强烈追求外在认同的方式，来证明自己存在。

4. 三个人开展家庭圆桌会议，核心内容是说出自己的感受，自由表达自己在家庭中的感受，并且讨论出一个关键词："我想要得到……的权利。"

当一个人能够参与到决策中时，他内心的匮乏感会得到缓解。

下面这个案例，是匮乏感与失衡感对夫妻感情的影响。

有一对感情很好的夫妻，他们志趣相投，爱好相近，在别人看来，妻子事业有成，而丈夫也非常能干，他们是一对非常好的伴侣。某一年，丈夫的事业出现了滑坡，到最后必须要依靠妻子的力量来渡过难关了。更加不幸的是，丈夫在那年被查出患有严重的疾病。在妻子和家人的精心照料下，丈夫终于康复了，但是他却表现得越来越异常。

他多次提出要和妻子分开过，并且提出对妻子非常不利的分配方案，妻子提出质疑，他就会说："当年这房子你家父母都没有出钱，我都记得！"妻子很伤心，两人的摩擦不断升级，最后，妻子只好回了娘家。

在家庭环境突然发生变化时，夫妻中的一方会出现强烈的不安全感，而这些问题最后常常会反映在金钱的使用上，因为金钱的分配和使用，反映着家庭成员之间的权力结构。

这位男子面对和妻子的事业落差，还有自己失败所遭受的挫败，既然在家庭中无法以其他形式来实现赋权感，那么，对金钱的争夺就会出现。

这种争夺往往以一方的妥协而告终。其实，无论男性还是女性，在金钱观念中所要的东西都是一样的，是一种可依赖的力量，是一种自己对生活的掌控权。

二、在家中，金钱意味着一种安全疆域

这种安全疆域意味着，其实丈夫与妻子都需要有自己可供支配的金钱，较大的消费他们要互相沟通。

有的家庭中，妻子将丈夫的工资全部没收，每个月只给少量零花钱，这种方式我并不认可，它影射的是一种控制欲——在家庭中，金钱是一种安全感，也是一种自我守护的疆域。

Y，是一位即将重新组建家庭的女性。在之前的一段婚姻中，在分手之时，由于对金钱问题的忽视，她处于非常被动的状态。三年之后，她和一位男士走到了谈婚论嫁阶段。这位男

士也有过一段婚史，和她一样，他也有一个儿子。Y和那位男士的房产归属都非常清晰，但是在即将走入婚姻之时，Y感到了极大的惶恐。

"我认为他应该对家庭有更多的承担，无论是对他的儿子，还是对我们现在的家庭……"

"你认为他应该有更多的承担，意味着什么？"

"有更多的规划。就像我现在，每个月都会为自己的儿子做一些定存，哪怕不多。但是我不知道，他在婚后对这个会怎么理解。"

"其实你要的并不是太多的物质，你要的只是一种安全感，是金钱背后的安全感。"

"是的，我想掌握一定的经济权，这会让我感觉好些，其实他也许有同样想法，因为他在上一段婚姻中，也是因为不在乎金钱，离婚后身上只有一千元钱。"

"你们可以协商一个共同的方案，为什么不开诚布公地谈谈你的想法和需要？在家庭中，金钱代表的意义，既是安全感，也是一种你想守护的私人空间。如果一个方案的提出，不是仅仅站在自己的立场，而是同时考虑到多方的需要和利益，那么这个方案就有很大可能会被认同。你们有认真讨论过金钱的问题吗？"

"没有……"她坐在我面前说道，"我现在似乎缺乏勇气，对最亲近的人谈论自己在金钱和情感方面的需要。"

"这个话题是不应该回避的，你可以建议，双方将工资存折放在一个地方，这样双方都可以了解钱的用处，而你们各自保存自己的卡，同时，双方都可以为小孩作教育储蓄计划。婚姻的实质，其实是金钱观念的一次融合。"

往往在二婚家庭中，对金钱的敏感会表现得非常强烈，因为它代表安全感和私人疆域。

就像是农村的老太太，无论如何都会为自己存下一点点贴身的私房钱，就是因为担心子女对自己不好。

三、生命早期的安全感，寓意我们对金钱的态度

有一档很不符合常识的真人秀节目，全程再现许多一年级的小孩子离开父母，被送往寄宿学校适应的过程。当我看到那些孩子哭成一团，舍不得离开自己父母，而节目打出字幕"为了更加独立地成长"时，我只想说这纯属胡来。

没有一种独立是靠强制分离来实现的。在孩子还依恋父母的阶段，最重要的是给予他们持续的爱和"无论如何，这个世界上都会有人爱我"的自信。而强制分离，带来不确定与不安全感，会增加他们对未来的恐惧。

缺乏安全感会带来完美主义倾向，那就意味着自己会不停地拼下去，以此来证明自己值得被爱；或者彻底放弃努力，以表明自己毫不在意。

我们看到有很多成年人，在行为上的确表现得很独立，很多事情都能够完成得非常漂亮，即使没有别人的帮助，他们也能生活得很好。但是，真正的独立来自我们的内心，是一种相信自己的精神力量，一种在情感上不依附他人的能力。这种能力形成于童年。

一个人在童年感受到了足够的关注，得到了家人足够的关心，就会成长为内心丰足的孩子。成年后，他可以持续地给予外界。这种独立，不只表现在行为上，更表现在精神上。

也有一些成年人，他们在童年缺失爱的情况下，成年后重建了安全感，实现了自身从精神到行为上的独立，这是生命意志本身的选择。最重要的是，我们都需要意识到，我们之所以被接受，是因为我们是我们自己，我们因为自己身上的缺点与不足，也因为自己身上的优秀之处而被爱、被接纳。

当我们有安全感的时候，我们会被激发出真正的独立与能力，那是来自我们内心深刻又强大的力量。

那些在童年获得了充分安全感的孩子，他们面对金钱时会更加自信与从容。但我并不认可"原生家庭罪过论"，要真正与金钱融洽共处，我们要接纳与理解自己的成长环境，重塑自己。

芝芝生活在一个偏心的家庭。她的弟弟在家中得到很多呵护，家中所有的资源都向他倾斜。所以弟弟在成长过程中一直都很平和，与外界的关系也很融洽，因为他不必向外界索取爱与资源。

但是芝芝不同，她在童年时所感受到的，一直就是匮乏。记得有一次她想要吃糖果，就告诉了妈妈。妈妈同往常一样拒绝了她，可是妈妈那一次不像平时那么严厉，有难得的温柔。

"妈妈也想要吃糖，可是没有钱啊。"

妈妈那天的笑容是直到今天芝芝心中的一抹温柔，那是她唯一感受到的爱。

　　长大之后，她成为一个比较有攻击性的人，在与人相处的过程中，她对金钱表现得非常界限分明，甚至过激。

　　她不允许任何人占自己的便宜。这让她无法与外界建立长期的合作关系。

　　这时，芝芝应该怎样做才能疗愈自己？

　　一味地指责原生家庭并不能带来真正的和解，在我们这一代成长的过程中，物质生活常常是匮乏的，而父母们也并不懂得如何与孩子相处。我想，有一种更加务实的方法可以让缺乏安全感的成人去重建安全感，那就是向前看，明白改变的选择就在自己手中。

第二节
▶ **金钱是表达爱的工具**

有一个外贸公司的高管，她美丽、能干。她读了名校的本科和硕士，去国外工作过一段时间。

但是她说，一直以来，她都舍不得给自己买太好的东西。在国外有次她看上了一条裙子，非常适合自己，但是因为太贵，她一直舍不得购买。

然后房东太太就对她说："你配得上它。"

这句话带给她很大的震撼。

她有一个弟弟，父母老早就已经把任务交给了她，让她在城市里给弟弟买房买车。

当然，这也是她的心愿。亲情在她看来是最为珍贵的，要比自己的需求更重要。

一、金钱用在哪里，代表我们关注哪里

金钱只是一面镜子，折射出我们内心的爱、恐惧、欲望还有自我。

金钱的去向，也揭示着你对世界的态度是什么样的。

我们愿意给亲人买最贵重的东西，我可能会给老人买两千元一件的羊绒衫，但是却未必舍得花几百元钱给自己买一条裙子。

很多家长愿意给孩子买房子，一花几十万上百万，但是却舍不得给自己买件像样的衣服。

就像《断舍离》中讲到的，我们所选择的物品，折射了我们心中自己所扮演的角色。并不是所有购买的物品都要是名牌或者是新款，但是选择物品的时候，一定是因为这件东西是我们喜欢的，而我们又能够消费的。偶尔送给自己一些礼物，也没有什么不好。

有一则新闻曾引起了我的关注，讲的是李湘的女儿参加天天的生日会，穿的衣服是八万元的皮草。

网友们把郭晶晶拿来作比较，郭晶晶常常给儿子买地摊货。

这两种消费，其实都折射着女性的自身确认。

但现在也有一种"无消费"的热潮在兴起，那些对于消费主义感觉到厌烦的青年，开始以一种自给自足的方式来满足自己的日常需求。

消费的背后，其实是我们与社会和自然的关系。如何选择与社会和环境和谐的消费方式，是孩子们要面对的课题。

二、越接纳自己，对金钱越坦然

报纸上曾经有这样的一篇报道，有一位三十三岁的男子，即将再婚，却陷入了深深的焦虑之中。

他是一位事业单位的职工，收入稳定，他的前妻来自富有家庭。尽管前妻和她的家庭都对他很好，但他还是感觉到了阶层差异，这种差异让他处处不快乐。

他说："前妻是富二代，我是穷屌丝，我们因为彼此相异而吸引，但生活观念差别太大了。我拿了年终奖请她去日本旅行，她非要坐头等舱，我本来预算的全部旅行经费就变成了一张头等舱机票。她给我买了一件贵得离谱的衬衫，给我父母连一个象征性的礼物都不肯买。为什么不省下这件衬衫给他们带礼物回去？"

他现在的未婚妻是另一种极端。"上周末我们坐火车到成都玩，她嫌火车上东西贵，自己背了饼干、方便面、水，住的也是网上订的又破又旧的小旅馆。理智上我认为她真是个好姑娘，和她一起过日子觉得踏实，但是情感上我还是觉得她太小气，一点儿也不懂得享受生活。"

这个访问中的男主角其实很可悲，无论哪种选择，他都没有得到自己一直期望的幸福感。

幸福感是什么？幸福的源泉在于自身无论在哪种选择当中，都有寻找到快乐的能力。

积极关系中，人可以享受在关系中所带来的对方的新鲜感和互补性。比如他和前妻在一起时，如果对自己多些认同，多些自信，去感受前妻积极享受的观念；或者积极和前妻沟通，双方都作出一些妥协和让步。

而对现任未婚妻，应该正视自己的选择，抛开对自己所处消费水平的鄙视，享受自在旅行的感觉。

问题的核心是：他是一个"空心人"。所谓的空心人，就是缺乏自我认同感，他既不能作出尝试，融入前妻的阶层，又对自身所处的阶层产生排斥，就这样一直处于矛盾和纠结的状态。

如果一个人能够在童年时期就建立起稳定的自我认同，无论在哪个阶层中，他都能对生活安之若素，能够享受生活中的方方面面。这才是财商教育的本质。

简单地说，真正的财商教育，除了引导孩子们好好地理解金钱，就是要告诉他们，在任何处境之中，都能够通过自己手中拥有的金钱，创造尽可能多的幸福感，而不是自卑或者骄傲。

三、常常对家人说"谢谢"

英国早期清教徒式的教育，就是要让孩子们懂得珍惜所有，但是对外又能积极地探索。唯有知足，才能够真正懂得珍惜，而唯有知不足，才能真正懂得进取。

家庭与社会中面对金钱有不同的原则，如果说在社会中，最重要的是"知不足"，在家庭中，最重要的则是"知足"。

（一）珍惜是家庭中重要的原则

这种珍惜体现在珍惜资源、珍惜情感，当一个家庭懂得珍惜时，就会生活在一种更好的氛围当中。

A 和她的父母生活在一起。她的父亲是一个追求完美的人，特别是在退休之后。女儿做的任何家务事，他总是会挑剔地指出哪里做得不够好。A 的丈夫也慢慢变得挑剔起来，他也常常对 A 指指点点。

A 的父亲和丈夫并没有意识到，他们的追求完美，其实是在限制 A 的成长。

她得不到认同，也得不到犯错之后的包容和鼓励，干脆就一点家务也不做了。

A 在躲避被评价，其实她可以选择清楚地表达自己的感受，然后说出自己的需求。

"请你们尊重我的每一点劳动，并且尊重我。谁说我必须要接受你们的指点呢？"

因为在一个家庭中，最重要的是珍惜，而不是评价。珍惜对方每一点滴的付出，能够真正感觉到这其中的价值，才是最重要的。

B 成长在一个挑剔的环境中，从小她母亲就在她面前也在所有人的面前，挑剔她的父亲，说他这个做不好，那个做不好。

B 长大结婚后，丈夫很爱她。但她发现自己总是看丈夫不顺眼，也喜欢挑剔他，甚至会当着公公婆婆的面。

终于有一次，她的婆婆非常耐心地和她谈了谈，说无论她的丈夫怎么样，她都应该在别人面前，维护他的尊严，更不用说在这个男人的父母面前。

B 突然醒悟过来，原来自己是在重复着自己原生家庭中的怪圈：谴责—忍耐—反抗。

透过她的公公婆婆的家庭，她看到健康的环境是什么样子。于是她决定，离开旧有的家庭模式，建立起家中健康的关系。

（二）社会中的金钱动机与家庭中的金钱动机不同

我们为什么要有钱？

这个航航在五岁时提出的问题让我思考了很久。航航的基本生活需求已经得到了满足，她的消费欲望不高，只要买几本书，买一条小裙子就很容易快乐。

"我已经有几十块钱了啊。"航航很认真地告诉我。

面对这个问题，每个人都可以有不同的答案，我的答案是——为了让你爱的人更加快乐，为了让这个世界变得更好。

有这样一个家庭，家中养育了六个子女，在艰难的饥饿时期，妈妈和孩子们都活了下来。但是妈妈在困苦中被磨损得太厉害了，她固守着一个观念——身上必须要有钱，有钱就有命。

在那位妈妈看来，在六个子女的包围中，生存其实是一件不容易的事情。她一辈子都努力地想要守住自己的财富。

饥饿的日子里，可能是一锅肉汤，如果孩子们偷吃，她会狠狠痛打他们。等到年纪大了，终于拿到了社保，财富就成了每个月定期打到自己账户里的两千多元钱，她担心自己的财富会被子女偷走。她老年痴呆之后，还不停地责怪自己的孩子们偷拿了自己的存折——内心的不安全感竟然会如此强烈，连最爱的孩子们都不能信任。

而子女们也的确让她失望，小儿子为了拿走她每个月两千多元钱，不惜和她闹翻。家中每个人都生活在爱的匮乏中，每个人都不满足，都在互相埋怨。

这并不是贫穷惹的祸，我们也看到过太多豪门夺产的新闻报道。由于金钱而导致的家人反目，每每在我们身边发生。

我想再讲另一位老太太的故事。这位老太太一辈子贫穷，可是在最难的日子里，如果只有一点食物，她会先让自己的孩子吃饱，她有三个孩子，两女一男。他们只有少量玉米的时候，她就和两个女儿把玉米让给最小的男孩吃，她和女儿们一起把玉米核磨成粉充饥。她对钱没有欲求，自己有非常强的安全感，她就这样活过了九十岁，仍然清心寡欲，头脑清醒。

她在家庭中，有满满的安全感；无私的付出，也让她得到了孩子们的爱和尊重，三个孩子用自己的方式相亲相爱，相互照顾，也回报着自己的母亲。

这就是创意财商教育的意义，家庭内部的资源分配，是一种优化和传承。

爱的疾病带来金钱病 ◀

一、匮乏病

《千与千寻》中的无面人是一个隐喻，代表着在我们周围那些因为匮乏爱而错误理解了金钱的人，所以，创意财商在技巧之外，最大的智慧恰恰是学会爱，学会付出，这样金钱反而会归顺于你。

金钱只是一种工具，而且是一种看起来最简单的工具，但是在金钱关系背后，却是安全感和掌控感。

有一天，我下班回来，看到做成水果形状的漂亮软糖，决定给孩子们一人买一个。

那么漂亮的软糖，小时候也曾经见过，做成金鱼的软糖，慢慢吃可以吃一个星期。航航看到我回家，高兴地扑过来。

"妈妈，你真的来陪我啦？"

航航很开心。

我把糖果递给她。

我们又一起去接妹妹，等到洲洲出来时，我把糖果放在她手里。过了不一会儿，洲洲手中的糖果就吃完了。

在此之前，她们一人喂了我一块儿。我一边牵着她们的手回家，一边对她们说："知道吗？小时候外公也常常给我带糖果，不同口味的糖果或者饼干，他去上班之后总是会在路上给我带回来。我记得有一次，他给我带了金鱼糖，我特别喜欢。还有外公加班的时候，也经常会把他上班时发的东西带回来给我吃。"

那个时候，方便面是孩子眼中的美食，完全不存在垃圾食品的说法。物质匮乏的时代，我得到了足够的关爱，一块糖果，一块饼干，都是父母对我的爱。

所以我才不会感觉匮乏，才能够给予。

生命如同一个循环，现在的我，也在用我的方式向孩子们表达爱，甜蜜的感觉，会留在她们的心里。

有的人天生就充满了金钱的匮乏感，即使他已经拥有很多，但是这种匮乏感存在，他必须要不断不断地努力，去寻找安全感。

有的人天生就充满了一种自足感，即使身无分文，他仍然毫不担忧明天，可以过着潇洒自在的生活。

那么，到底是告诉孩子们"家中没有钱，需要你拼命努力……"还是给孩子一种充分的金钱上的安全感呢？

我相信各位父母，会有自己的判断。

二、控制病

有一个家庭，妈妈在一个收费站工作，爸爸在一个汽车维修中心工作，他们有一个六岁的儿子。

有一天，我和他们的儿子聊天，我问他："你有多少压岁钱呢？"

"六百块，不过现在只有四百块了。因为我有两百块原本放在衣服袋子里面，结果不见了。奶奶告诉我，钱是被老鼠拖走了。"

我笑了，我又问："你如果将来挣到很多钱，你会做什么呢？"

"还钱。"

我诧异了。

"我要还钱给我的爷爷奶奶，还要还钱给我的爸爸妈妈。"

"为什么要还钱呢？"我猜出了他的意思，但是还是想要了解他的想法。

"要供我长大，他们花钱啊！"

我并没有因为孩子这样说，为他的孝顺而欣喜，我只是感觉到一种沉重——亲情在这里，只是一种储蓄到期后的连本带息归还吗？这是多么陈旧的亲情观念！

后来，我了解到这个家庭的情况。爸爸每个月在修车行挣的钱，最后会全部交给爷爷奶奶，爷爷奶奶再返还一千六百块给爸爸支配。

他们说，年轻人不懂得怎么样用钱，所以还是交给他们保管好，反正到最后都还是儿子的。

这已经不仅仅是赡养和孝顺的问题了，父母在儿子已经成立了小家庭，并且有一个孩子要抚养的情况下，控制了这个家的经济权，进而控制了整个小家庭的走向。

这样的控制，会增强爷爷奶奶的安全感。但是从长远看，对整个家庭是不利的，因为孩子的爸爸永远没有办法真正地成长起来，拥有自己的独立意识。

这样的情况，其实在农耕社会中比较常见。那个时候，大家庭中族长掌握家中的经济支配权，比如土地，比如房屋，从而拥有家庭中的话语权。

而现在的经济形态已经发生了变化，年轻人开始自己打工，意味着他们不必依赖家庭中的资产分配，并且他们可以创造比同时期长辈更多的财富，因此可以更加独立。

但在这个家庭中，我看到的是一种倒退。为什么这个儿子会同意父母的安排？

还有一种情况，是家庭中妻子对丈夫的经济控制，或者丈夫对妻子的经济控制。

很多家庭中，妻子都渴望掌握经济的主导权，她们手握丈夫的工资卡，发放给丈夫一定数额的零花钱。

有一位男士，他和自己的妻子在同一单位，每发一次工资，妻子都会第一时间知道并且收缴，好心的同事们开玩笑说：这次发钱，大家结成统一战线，绝对不让你妻子知道。

有一位女士，她的所有信用卡和储蓄卡，都关联到丈夫的手机上。只要她在商场一刷卡，丈夫就会打电话问她买了什么。这位女士长得很美——其实在控制背后，还是丈夫内心的不安全感和不自信。

适度的控制是爱的表达，可是如果控制过度，对方会想要逃跑，会想要自由。

第三种情况，就是子女对父母的经济控制，这种在老人没有独立收入的情况下较普遍。

有的子女会严格控制给老人的零花钱，或者控制给老人的医药费，并且用种种理由来解释。

这种严格的控制尤其会出现在农村家庭中，没有买保险的农村老人是最缺乏保障的。

控制与被控制的背后是一种病态的关系，它体现的是不安全感。

理想中的家庭状态，是我们平和、有自信，给予对方需要的空间，让爱能够自由生长。

三、付出病

习惯于付出，而不习惯接受。这也是一种金钱病。

有一位退休的阿姨，为了给自己的儿子买房，把老家的房子卖了，给孩子凑了首付，可是在和儿子同住的过程中，和儿媳相处并不愉快，她只好出去租房子住。

有的朋友，你帮了一点点忙，他们都会急着回报；在人与人的相处中，他们更加习惯做主动关心人的那一方，可是当别人开始关心他们的时候，他们总说"不需要""麻烦了"。

知心姐姐卢勤讲了这么一个故事：一位单亲妈妈独自抚养儿子，因为心疼儿子，她总是把最好的食物都留给儿子，鸡腿都是给儿子吃的。有一天，儿子迟迟没有回来，她肚子饿了，就把鸡腿吃了，儿子回来后勃然大怒："这是我吃的东西！你为什么要给我吃掉？"

可以想象妈妈当时会有多么伤心欲绝，付出病带来的副作用常常是孩子们的习以为常。他们会觉得，父母就是不需要我的关心，他们就是应该照顾我，为我付出的。

当一切都变得理所当然，父母在亲子关系中会失去作为"人"的那种完整，表现出的脆弱不会被看到，需求不会被看到，而他们也会被物化为工具人。

在亲子关系当中，父母要引导孩子认识到自己的需要，而且，孩子们不是天生就会关心父母需求的，他们也需要被教育，需要认识到父母不是全能的，父母也需要关心。

有一年元旦节我生病了，人在脆弱的时候，真的很需要关心和安慰。

我躺在床上，孩子们回来了。航航问我："有没有带礼物？"

我说："没有……"

航航生气了走开了，自己去玩儿了。

后来在家人的劝说下，她向我道歉了。但我那个时候真的很伤心。我开始思考，财商创意教育的重点，还是应该在"爱"

上，如果仅仅学会了得到和使用财富的方法，而没有"爱与责任"，我们的世界就会太冷漠了。在爸爸的帮助下，我听了航航的解释，她说："妈妈，我忘记你生病了……"

妈妈有脆弱的时候，妈妈也有不那么坚强的时候，如果家长一直试图扮演完美的超人父母，孩子就无法得到成长的机会。

后来，航航和洲洲一个个过来给我讲故事听。然后，又给我端水，给我量体温，我的眼泪落了下来。我想只要孩子是有爱心与责任感的，那就是父母最大的安慰了。

也就是从那个时候起，我开始意识到，在教育中，父母要真正接受自己作为"人"的角色，而不只是"父母"的角色，这样，关系当中的资源流动会更加均衡。

四、"跑步机"病

马丁·塞利格曼认为："使你不能提升自己幸福层次的影响因素是'幸福的跑步机'，它使你很快就适应了好事情，然后认为那是理所当然的，不再心存感激。当你收集到越来越多的珍奇之物，职位越爬越高时，你的预期也越来越高，过去的努力带给你的名望和财富不能再为你带来幸福，你必须拥有更多、更好的，否则就感觉不到幸福。但是一旦达到那个层次，很快你又适应了，又必须去追逐更多、更好的，如此循环下去，你永远也幸福不起来。"

我遇见过很多优秀的人，他们无论在教育程度还是收入方面都很好，可是他们却常常困于"跑步机"当中。那意味着，即使取得了别人眼中值得羡慕的成就，他们还是会感觉不够好，他们还来不及为自己喝彩，就马不停蹄地投入了下一场比赛。

对金钱的追求也是这样，他们不停地努力着，使其变成了一场惯性的角逐，他们无法停下脚步。伴随着银行存折上数字一行行的增加，伴随着他们取得荣誉的一次次累积，他们体会到的对生活的满意度增加了吗？

有一位好朋友，她很年轻就在国外的著名大学拿到了博士学位，留在国外大学中任教。可是，当我恭喜祝福她的时候，她很坦率地告诉我，她无法从中感受到满足的喜悦，因为她在想，下一步应该怎么做。

她有一位姐姐，也非常优秀。妈妈总是激励她俩相互竞争，成为更好的自己。

她意识到，妈妈小时候对自己的教育，一方面成就了她奋斗的习惯；但另一方面，也让她很害怕自己不够好，配不上家人的爱。

"跑步机"病，有部分来自父母在教育过程中的步步激励和引导。而事实上，孩子们需要知道，奋斗是一个过程，在过程中也会有很多的喜悦和收获，我们不仅仅是为了一个又一个终点而奋斗的。

所以，"跑步机"病需要被关注，我们既需要引导孩子们的内驱力，也要发自内心地接纳他们，让他们更有勇气去奋斗，去享受整个奋斗的过程而不仅仅是一次次的冲刺。

第四节
如何让爱在幸福中流动？

航航和洲洲是不一样的，她们一个安静，一个活泼，一个是视觉型的孩子。一个是听觉型的孩子，因为这种不同，我们的家庭多了活力，我爱她们的不同。

我要让她们知道，她们被爱，是因为她们是唯一的，她们身上有着自己最独特的个性，她们不需要和别人相同，哪怕是家中最亲近的姐妹。

幼儿园老师人很好，常常主动和我交流孩子们的情况，她告诉我说，当洲洲吃饭很慢的时候，她只要一提："你看姐姐吃饭很快，你呢？"洲洲就会吃饭加快速度了。

我听到之后，心中很为难。但是我还是告诉老师："在家里，我们从来不比较两个孩子，因为她们是不同的。"

我们的评价标准，一直都来自外界，小时候是成绩，大了是职位、收入、车子、房子，但是，真正的标准，应该是在个人心里的。

一个人之所以成为他自己，是因为自己的要求、自己的想法、自己的选择，如此他才能够获得真正的自由，而这种自由是发自内心的。

如果从小时候，我们就不停地拿一个统一的标准去衡量他，去要求他，孩子会对自己的存在缺乏认同感，他会不断地自我证明，而这种证明的方式，有可能偏离了他的本性。

反之，如果我们鼓励孩子，让他去寻找自我，让他在自在中去发现自我，他会早早地获得心灵的幸福和自足。

为了孩子心灵的自由和富足，我会在家中，捍卫她们不被比较的自由。

绝对不在语言中去比较她们，尽量不在内心比较她们。我只是觉得，她们是两个完全不同的小精灵，机缘巧合，都来到了我的身边，我要用自己的方式，给予她们充分而完全的爱。

关于金钱的问题，看起来是金钱，背后却是对亲密关系的渴求。而我们如何使用金钱，背后也折射了我们对于关系的理解和信念。

活得真实的人，他们有勇气去面对自己的需要，并毫不掩饰，同时，他也能够看清身边人的需要，并真正尊重他们的需要。而活得真实的人，首先是能够感受到无条件被爱的人。

一、自我确认

在家庭中，得到充分爱的孩子，会活得更加从容，会在家庭中扮演更加平和的角色，懂得体察他人的感受，懂得付出爱和关心他人。

尤其是对于有两个或多个孩子的家庭而言，有种说法，如果一家有两个孩子，老二一定会选择一条和老大不一样的道路，因为他会刻意地想要区别于自己的手足。

自己的独特性能够得到充分认同的孩子，会在家庭中更加自信，亲子关系会更加融洽，反之，如果自己的存在没得到充分认同，这样的孩子会渐渐变得叛逆，他们一定会想要在这种被否定中突破，直到找到自己的存在感。

如果想要让孩子得到充分认同，那么在家中，家长不要比较。

中国的孩子似乎都是在比较中长大的，据说我们身边永远有一个我们追赶不上的孩子，那就是"别人家的孩子"。

有人认为比较是鼓励竞争意识，会激发孩子向前，其实，那只是让孩子慢慢地失去对自我的确认，变得非要和外界较劲，非要用外界的标准来证明自己。其实，多孩家庭中小一点的孩子，老大的优秀往往会形成一种比较压力，而这时，家长们更要学会为孩子们减压，避免比较。

姐姐在学校一直表现得很努力，洲洲和姐姐有不同的地方，我都会全身心地去接纳与包容。老师在小本子上写道：宝宝分心了，宝宝走神了……我会试着告诉老师，她是想找寻自己风格的孩子。

于是我写道："哈哈，洲洲真顽皮啊，在家里用光盘给外婆看病……"

这样小小的调侃，会不会让洲洲找到自己的风格呢？

自我确认还代表着，通过获取财富和创造价值，家庭中的成员扮演起各自的角色，来实现家庭的良好运转。

每个家庭中都有潜在的分工。有一种说法——AB角色，A角代表着积极进取的人生状态，A角去创造家中的主要经济来源，向外挑战和拓展，B角会把更多的精力花到家中去，维持家中的良好运转，在组合成家庭之后，夫妻双方往往都会有AB角的划分。

我认为，只要双方能够达成共识，不应以性别划分家庭AB角。

我有一个大学同学，她的事业发展一直很顺利，为了让家人过上更好的生活，她开创了自己的企业，并且经营得非常好。在事业成功的同时，她非常感谢自己的丈夫，她说："幸好我找了这样的老公，他包容我，给我空间，让我在外面闯荡，我才能够取得今天的成绩。"

我很欣赏她的坦然，也欣赏她家中的丈夫。彼此包容，不被成见左右而选择家庭中的分工，这是需要强烈的自我确认才能够做到的。

无论男性还是女性，都可以在家庭中选择适合自己的角色，这就是社会的进步。

A角或者B角，是根据现实去做选择，不存在哪个更加重要。A角的价值，恰恰是因为有了B角的守望；而B角的价值，也因为A角的奋斗有了保障。只要是发自内心的选择，家庭中的哪个角色都很重要，不应以收入来衡量的。

维持家庭良好运转，经济收入是其中的一个方面，但是如何合理分配，合理选择自己的角色，我觉得这点更加重要。而这种自由的选择，只能建立在对自我的高度确认上。

自我认同的孩子是自信的，他不会因为外在的标准而委屈自己，他会活得更加真实和随性。

二、尊重孩子的意愿，聆听他们的声音

孩子的内心有个小小的声音："爱我，不要控制我。"

有很多父母，他们为了自己的孩子付出很多，孩子是他们生活的重心。

爱，是一种付出，但不应该成为控制的体现。

"想想看，我为你们付出了多少！"背后的潜台词是："因为我爱你，所以你必须听我的！"

"你为什么这么不听话，你对得起我吗？"背后的潜台词也是："因为我爱你，所以你必须听我的！"

这样的爱与控制是何其多！

孩子在这样的关系中成长，他会怎么理解爱呢？

控制看起来处处和爱相似，但是其核心本质却不同。爱是以对方需要的方式去爱孩子，比如小孩子，想要的是一碗热水而不是汤，就给她一碗热水，虽然你自己感觉汤更有营养。

控制是以爱的名义爱自己。在亲子关系中控制欲强的人，其实更加担心的是自己不被爱。

在控制中长大的小孩，可能在未来的亲子关系中，也会扮演起控制欲强的角色。

一个高中女生，她和母亲一起买一件黑色外套，穿回家之后，父亲勃然大怒，非要让她回店里退掉。店员一开始不同意，父亲大闹服装店，直到店员被迫同意换成了一件红色的。

她父亲的这种行为，就是以爱的名义施加的控制。

父母有强烈的控制欲会给孩子造成很多苦恼，常见的是亲子关系中随时可能爆发的叛逆。一方面是来自父母的爱，一方面是来自父母的控制，这种复杂和矛盾会造成孩子内心失衡，并最终爆发。叛逆期有可能会持续到成年之后。还有一种就是造成孩子懦弱的个性，在孩子完全独立之前，不得不顺从大人的意志，顺从即表现为压抑自己，不能自由抉择。

真正的爱是放松的，也不带控制的。但是可惜的是，天下的许多父母，却在"爱"的名义下，控制着孩子生活的点点滴滴，让他们失去自己选择的机会和能力。这样长大的孩子，不要谈什么未来，他们就像被关在笼子里的鸽子，即使长了一双翅膀也不敢相信自己能够飞翔。

要让孩子真正成长，可以这样做：

1. 鼓励他们自由选择。哪怕是很小的事情，比如让他们决定自己穿什么样的衣服，今天走哪条路去上学。

2. 鼓励他们真正独立，自己照料自己。生活和经济上依赖性强的人，是谈不上自主的，相反，他们还有可能会被那些控制欲强的人所吸引，主动加入一段控制与被控制的关系。

3. 鼓励孩子自己制订规则，让他们参与到规则的制定中来。一旦制定，必须执行，因为这是他们自己的选择。

我有一个同事，她的家规就很简单有效："可以不吃饭，但是没有零食吃；可以不睡午觉，但是晚上不能够出去玩。"

我认为这是一条很棒的规则，因为它既给了孩子选择，也给了孩子边界。控制欲强的反面是完全没有原则，这点也是我们在家庭教育中需要避免的。

只有对自己有充分认识，建立自我的孩子，我们才能期望，他们心中埋藏的小小创意，能够在未来开出花儿来。

三、家人之间持续学习沟通

沟通，可以增进家人之间的情感，让他们能够在点点滴滴的分享中，感受到彼此的成长与变化。

洲洲上幼儿园前的那天，五岁的航航给她讲了自己上幼儿园的体验。洲洲在一边听得很认真："去幼儿园的话，老师会很爱你们的。在幼儿园，有很多同学，还有很多老师，老师会教你们跳舞、唱歌，还会画画……"

航航讲到高兴的地方，就唱了起来：

"太阳从东边跳到西边，结束了一天的功课，老师我不想说再见，只想走到你的面前，替你拭去额头的汗，老师，我不想说再见，只想永远留在你身边……永远永远爱你……"

航航一边吃饭，一边唱着歌，带动着洲洲也开始哼唱起来。

洲洲和航航，难得安静地坐在一起，彼此交流着去幼儿园的事情。

"幼儿园，如果习惯的话，就会觉得很好玩。刚开始的时候，会有一些不习惯。不过，洲洲你不要怕，姐姐我就在幼儿园里陪着你，你如果想妈妈了，姐姐就来陪你……"

看着两姐妹默契的模样，我想，这样发自内心的交流，会让她俩的手足之情更加深厚。

沟通，可以让家人彼此接受差异，增进了解。

当航航因为新衣服分配而不高兴的时候，洲洲看着气势汹汹的姐姐，紧紧地抱住她，楚楚可怜地说："姐姐，不要生气了嘛，不要哭嘛……"

她的小小身体靠过去，刚刚被我批评了的航航居然那么快转怒为笑，一把揽过她，然后喃喃地说："不理妈妈了，让我生气……"

无论是撒娇，还是寻找帮助，洲洲可以很坦然地对周围的人说出自己的需要，寻找他们的协助，有时候是年纪大的祖祖，有时候是身边经过的阿姨。

她和姐姐都想用同一块手表，争执不下时，我就说："要不，妹妹戴到下车的时候就还给姐姐，好不？"

姐姐点点头，洲洲干脆地说了声："好！"

这样沟通就有了效果，那么，有好的种子，还必须植入信念的土壤。

两个孩子就在资源的分配过程中慢慢学习沟通，一开始她们没有达成一致，然后她们渐渐学会了彼此妥协，直到找到大家能够接受的方案。我想，这种信念才是沟通的前提——相信一切都是通过语言和表达，通过对彼此的尊重来取得成效的。

在与孩子们共同成长的过程中，语言是传递着爱的。而很多老一辈的父母，他们在艰难的环境中长大，生活已经非常辛苦，并没有太多爱的语言表达，与他们沟通时，我们首先要理解语言背后爱的本质，这样也是给孩子做示范。

家人常常会有观点不一致的时候，让孩子们理解通过沟通可以达成共识，学会妥协与接纳，这样他们就能够将沟通的方法运用到家庭以外。要让孩子看到沟通的价值、沟通的成效，只有这样在需要沟通的时候，他们才愿意尝试。

我是这样做的：

1. 在孩子发脾气的时候，给孩子一点时间让她慢慢消化，自己平复情绪。

2. 用游戏的方式告诉孩子正确的沟通方式，幽默与夸张的方式效果很好。

3. 要让孩子看到沟通的效果。让孩子们自己分配东西，通过协商和谈判的方式来达成共识，彼此之间有进有退，既有坚持又有妥协。

4. "三个理由法"。

在我家，孩子主动提出的消费，孩子们要说出三个理由，而我有时候也会说出自己的三个理由，这让我们彼此了解，然后寻找大家都同意的问题解决方案，也就是亲子之间的"第三条道路"。

通过陈述理由，可以让孩子学会说服别人，能够站到对方的立场上去看待问题。

就比如，买水果的时候，我问孩子为什么要买这种水果。

航航会告诉我说："因为我想吃。"

我说："的确，这是个很好的表达。可是，如果站在妈妈的角度，妈妈最在乎的是你的健康和快乐。如果你说，妈妈，我吃了水果会更加健康，而且心情也会很好，妈妈就一定会被你打动的。"

航航听了之后，觉得很有道理。

四、保持幽默感

航航有一段时间很喜欢听《皇帝的新装》，每天都不厌其烦地重复听，每当听到皇帝光着身子出现在众人面前时，她就会哈哈大笑。

现在她成了大孩子了，在我看来，她很关注自己的内心，也常常有一些困惑，有时候，面对自己的情绪，她一定很想知道自己应该怎么样做吧？

她后来和大家一起想到了一个方法，那就是讲笑语。

在回家的汽车上，我们讲了许久的笑话，我和爸爸还有外公拼命地挖掘自己知道的笑话，看谁讲的最好笑，然后，我们还交流自己日常生活中的笑话。

外婆有一天在床上给航航讲故事，讲《乌鸦喝水》，讲着讲着，外婆快要睡着了，就讲道，"乌鸦在前面走啊走，看到前方有一个玉米馍馍……"

航航爆笑了好久。我们在车上，也把这个典故拿出来反复讲。

"玉米馍馍……"她很认真地说。

洲洲也加入了我们的讲笑话大会。我说，要讲笑话的话，必须要很多的笑话来做引子才行。于是，她们也开始讲自己的小笑话。她们讲笑话的时候，常常是自己先笑了起来。

在从老家回重庆的路上，有五六个小时的车程，对于孩子来说，是真的很考验耐心的。

我们就这样讲着笑话，原本枯燥的旅途，也变得充满了欢乐。这样许多许多的小欢乐组合起来，就会构成我们的欢乐人生。

"人生的目标，除了笑起来，其他都是细枝末节。"我很喜欢刘称莲老师说过的这句话。为了让我们都笑起来，现在开始讲笑话，不要错过每一分钟。

我决定搜集网上的笑话，告诉孩子们，能够创造幸福的人有种最重要的能力，就是在生活当中保持幽默感。

孩子们长大之后，我们一起看一些语言类的节目，像是《奇葩说》。我们一起讨论那些精彩的发言、那些特别的逻辑，还有优秀选手们敢于自嘲并表达自己观点的能力，当然了，还有他们那强大的幽默感。

其实，国外的约会节目当中，嘉宾们都非常看重对方的幽默感，想想看，如果你和一个充满幽默感的人相处，那会给生活增加多少的乐趣啊。当然，最好的办法是自己成为一个有幽默感的人。

总之，幽默感是我们沟通时的润滑剂，幽默感也让我们有能力去面对较复杂的沟通挑战。可以说，拥有幽默感的人，在社交中自带着滤镜，他们能够更好地与他人沟通，给自己带来更多愉悦和成就。

结语

　　创意财商的本质是获得幸福。特别是当我们面对充满变化的环境，当我们面对经济的不确定性时，我们无法保证未来孩子们究竟能够过上什么样的生活，然而我们却可以通过创意财商的教育，通过一种精巧的消费观念，让他们意识到什么是金钱。

　　金钱意味着资源的流动与分享，金钱也意味着满足自己和他人的需要，金钱也意味着充沛。并不是我一定要挣多少钱，成为富豪，而是我能通过金钱让周围的人和自己都活得舒服自在。

　　身边有很多人，他们愿意为家人付出，也愿意让自己生活得精巧且有品质。也有一些人，他们的收入很高，却时时刻刻过着拮据的生活，不敢消费，也不敢让身边的人去分享自己的喜悦，更不用提付出了。

　　我们为什么要有钱？这是孩子提出的灵魂之问，也是我一直在内心的思考和揣度。我想那是因为我们要过上自由的生活，也为了让自己身边的家人能够感受到幸福，所以我们要有钱。

　　可是我们为什么要有很多很多花不完的钱呢？如果我们能

学会合理地分配和使用，正确地对待它，也是可以让自己生活得很幸福的。

这样的一种观念促成我写作这本书，我希望孩子们和我一起去发现金钱背后的哲学，真正的财商不仅仅是投资，也是对我们和身边人关系的再次认识。只有认识客观健康，我们才能够得到真正的幸福和平和。

中国经济从高速发展慢慢进入平稳发展，而疫情也带给我们更多的思考，这其中就包括我们对孩子的教育。

过去，家长们鼓励他们：更多，更好。

而现在，家长们更重要的是要赋予孩子创意财商的能力。包括如何去获取金钱，如何通过家庭资源分配，让家人生活得更幸福；包括如何用尽量少的钱投入消费，创造出更多的幸福体验……这些都是创意财商所要探讨的内容。

无论经济环境如何变化，人们追求幸福的渴望是不会改变的，我们要给孩子们的礼物，就是在不确定的环境下，仍然积极乐观地仰起头去创造价值、追逐幸福的能力。

这是对消费主义的一次反思，也是家庭中财商教育的新起点。

在过去的日子里，感谢我所得到的一切支持。感谢我任教的重庆第二师范学院，感谢来自学校规划建设发展中心重庆第二师范学院儿童研究院"未来学校（幼儿教育）"《儿童创意财商学前教育课程开发与运用研究》（项目编号 CSDP18FC3203）的项目支持。感谢这些帮助，让我们有更多的勇气去关注并倾听孩子们的世界。

参考文献

1. 陈志武著,《金融的逻辑》,国际文化出版公司。

2.［美］戴维·达斯特著,段娟、史文韬译,《资产配置的艺术》,中国人民大学出版社。

3.［美］马歇尔·卢林堡著,阮胤华译,《非暴力沟通》,华夏出版社。

4.［美］罗伯特·迪尔茨著,谭洪岗译,《语言的魔力——谈笑间转变信念之 NLP 技巧》,世界图书出版公司。

5.［美］马丁·塞利格曼等著,洪莉译,《教出乐观的孩子》,浙江人民出版社。

6.［美］科恩著,李岩等译,《游戏力》,中信出版集团。

7.［美］史蒂文·J. 斯坦、霍华德·E. 布克著,陈晶、顾天天译,《情商优势:情商与成功》,电子工业出版社。

8.［韩］洪思溷著,李贵顺译,《理财的谎言》,电子工业出版社。

9.［美］迈克尔·米哈尔科著,刘悦欣译,《创新精神:创造性天才的秘密》,新华出版社。

10. ［美］泰姆示编著，《变化就是机会》，地震出版社。

11. ［美］霍华德·加德纳著，沈致襄译，《重构多元智能》，中国人民大学出版社。

12. ［美］丹尼尔·西格尔、蒂娜·佩恩·布赖森著，周玥、李硕译，《全脑教养法》，北京联合出版公司。

13. ［美］丹尼尔·西格尔、玛丽·哈策尔著，李昂译，《由内而外的教养》，浙江人民出版社。

14. ［美］本杰明·布鲁姆主编，方展画等译，《青少年潜能的开发》，云南教育出版社。

15. ［美］霍华德·加德纳著，沈致隆译，《多元智能新视野》，中国人民大学出版社。

16. ［美］米哈里·契克森米哈赖著，张定绮译，《心流：最优体验心理学》，中信出版集团。

17. ［美］马丁·塞利格曼，洪兰译，《真实的幸福》，浙江教育出版社。

18. ［美］马丁·塞利格曼著，赵昱鲲译，《持续的幸福》，浙江人民出版社。

19. ［美］罗恩·利伯著，林丽雪译，《反溺爱——在日趋物质化的当下，培养自控、乐观、坚毅的孩子》，中信出版集团。

图书在版编目（CIP）数据

你的孩子富有吗/晏菁著. -- 北京：作家出版社，
2022.6

ISBN 978-7-5212-1876-3

Ⅰ.①你… Ⅱ.①晏… Ⅲ.①儿童教育 - 家庭教育
Ⅳ.①G782

中国版本图书馆CIP数据核字（2022）第057376号

你的孩子富有吗

作　　者：晏　菁
责任编辑：郑建华　李　雯
装帧设计：连鸿宾
出版发行：作家出版社有限公司
社　　址：北京农展馆南里10号　　邮　　编：100125
电话传真：86-10-65067186（发行中心及邮购部）
　　　　　86-10-65004079（总编室）
E-mail:zuojia@zuojia.net.cn
http://www.zuojiachubanshe.com
印　　刷：唐山嘉德印刷有限公司
成品尺寸：145×210
字　　数：214千
印　　张：9.75
版　　次：2022年6月第1版
印　　次：2022年6月第1次印刷
ISBN 978-7-5212-1876-3
定　　价：39.00元

的收款人根据抽签的办法决定。每个会员掷两颗骰子，点数最高者为收款人。组织者为每次摇会准备了宴席，由各次摇会的收钱人负担宴席费用。席后，组织者收齐了会员交纳的款项，再进行抽签。

摇会的办法比较复杂，但有它的优点：

（1）参加会的会员对收来的钱没有预计肯定的用处。减少会员交纳的钱数，会员的负担减少，从而也减少了拖欠的危险。（2）用抽签办法决定收款人，每个存款人都有收款的均等希望。这促使需要经济援助的人去交款。（3）存款人交款数迅速下降弥补了他们延期收款的不足之处。（4）丰盛的宴席吸引会员。有些人把宴席改在冬天，每年一次，下一阶段的收款人预先决定。人们发现春天收款极为困难，所以放弃了这种办法。

摇会次序	存款人数	每个存款人的存款
第 1 次	13	4.420
第 2 次	12	4.286
第 3 次	11	4.126
第 4 次	10	3.936
第 5 次	9	3.702
第 6 次	8	3.410
第 7 次	7	3.035
第 8 次	6	2.535
第 9 次	5	1.838
第 10 次	4	0.785

这种会的办法比较复杂，普通农民很难理解它。事实上在村子里，懂得这种计算办法的人很少，所以必须请村长来教。为了解决这一困难，不久以前，有人提出一个比较简单的互助会办

法，叫"徽会"，因为据说这是从安徽传来的。这个会的收款次序，及每个会员交纳的款数，均事先规定。[①]

每次会收款总数不变，规定为80元，包括收款人自己交纳的一份。这一借贷办法便于计算，每个会员能预知轮到他收款的时间并纳入他自己的用款计划。

第三种互助会称"广东票会"，来源于广东，采取自报的方式。所有存款人自报一个希望在会上收款的数目，报数最低的人为收款人。存款余钱减去收款人的款数后，在会员中平分。在村子里，此种会不很普遍，向我提供材料的人告诉我，这种方式的赌博性质太重。

三　航船，信贷代理人

村庄和城镇之间亲属关系非常有限。住在城镇的农民很少。几代在城镇居住的人，他们与村子里同族的关系已经比较疏远。我已提到过，族人分散后，族就分开了（第五章第一节）。城镇与农村通婚也很少。在我看来，城里人和村民的关系主要是经济

[①]　

收款次序	每次会的交款数
组织者 ……………………	13.5
第2人 ……………………	12.5
第3人 ……………………	11.5
第4人 ……………………	10.5
第5人 ……………………	9.5
第6人 ……………………	8.5
第7人 ……………………	7.5
第8人 ……………………	6.5

性质的。例如，他们可能是地主和佃农的关系，在目前的土地占有情况下，他们之间的关系不是个人的关系。主人和暂时在城里当女佣的妇女，他们之间的关系较密切。但就整体来看，城里人和农民之间的社会关系不密切，不足以保持一个在经济上互相补贴或互助会的系统。当村民需要外界资助时，他们通常只得求助于借米和高利贷系统。

在稻米是主要产品的农村里，粮食供应不足并非常态。这是农产品价格下降的结果。要使收入与过去一样不变，产量必须增加。结果是村民的稻米储备往往在新米上市以前便消耗尽，以致需要借贷维持。从这方面讲，航船在村庄经济中起着重要的作用。

村民通过航船出售稻米给城镇的米行。米行与航船主联系，而不是与真正的生产者联系的。为了能得到经常不断的供应，特别是为对付城镇市场的竞争，米行必须与航船主保持友好的关系。另一方面，航船主对生产者来说，是不可缺少的服务对象。生产者依赖航船主进行购销。这些关系使航船主在需要时建立起米行和村民之间的借贷关系。

航船主代表他的顾客向米行借米，并保证新米上市后归还。他的保证是可靠的，因为借米人生产的米将通过他出售。此外，收购人出借大米不但可以获利而且也有利于保证未来的供应。

向米行借米的价格为每 3 蒲式耳 12 元，比市场价高。借债人将以市场价格偿还相当于 12 元钱的大米（冬天，3 蒲式耳米约为 7 元）。如果借期两个月，每月利率约为 15%。这一利率比较高利贷还算低些。这是因为一方面有航船主作为中保，另一方面对米行来说，可以保证其未来的大米供应，出借人所担的风险不大。由于镇上存在好几家米行，出借大米，价格并不划一，有利于借米人以较低的利息借进大米。

这是一种比较新的信贷系统。它尚未超出借米的范围。但用同样的原则，这种系统可逐步扩展至通过米行和丝行变成银行来出借钱，作为对收购产品的预先支付。这种产品相对来说比较稳定，而且是可以预计的。

四　高利贷

当农村资金贫乏时，从城镇借钱给农村是必然会发生的。农民向城镇里有关系的富裕人家借钱。其利息根据借债人与债权人之间关系疏密而异。然而，如我已经提到过的，农民和城里人之间的个人关系有限，而且与农民有个人关系的人也可能没有钱可出借。结果城镇里便出现了一种职业放债者。职业放债者以很高的利息借钱给农民。这种传统制度，我们可称之为"高利贷"。

例如，无力支付地租并不愿在整个冬天被投入监狱的人，只得向别人借钱。高利贷者的门是向他敞开的，出借的钱按桑叶量计算。农民借钱时并没有桑叶，也没有桑叶的市场价格。价格是人为制定的，每担（114 磅）7 角。譬如，借 7 元钱，可折算成10 担桑叶。借期在清明（4 月 5 日）结束，必须在谷雨（4 月 20日）以前还款。借债人必须按照当时桑叶的市场价格归还相当于10 担桑叶的钱，那时每担桑叶为 3 元。因此，如 10 月份借 7 元钱，到第二年 4 月必须还高利贷者 30 元。在这 5 个月中，借债人每月付利息 65%。这种借贷办法被称为"桑叶的活钱"。

清明时节，人们正开始从事养蚕业。在村里，这是经济上最脆弱的时期。冬天付不起地租的人，也不见得有能力还钱给债权人。在前 5 个月中，人们除了做一些生意外，不从事大的生产活动。在这种情况下，借债人可以向债权人续借贷款，按米计算。这种方式被称作"换米"。不论市场米价如何，借米的价格为每 3 蒲式耳 5 元。借期延续至下一年 10 月。偿还时按市场最高米价计算，每 3 蒲式耳约 7 元。一个人在 10 月借 7 元到第二年 10 月应还 48 元，利率平均每月 53%。

借债人如果仍无力还清债务便不允许再延长借期。借债人必须把手中合法的土地所有权交给债权人。换句话说，他将把田底所有权移交给债权人。土地价格为每亩 30 元。从此以后，他再也不是一个借债人而是一个永佃农。他每年须付地租（第十一章第四节）而不是利息。

地租为每亩 2.4 蒲式耳米或约 4.2 元。如果我们按巴克对农村土地投资所估计的平均利率 8.5% 计算[1]，我们发现每亩地值 56 元。因此，7 元钱的贷款一年之后使债权人最终得利为一块价值 89 元的土地。

通过高利贷者，田底所有权从耕种者手中转移到不在地主手中，不在地主系从高利贷者手上购得土地所有权。不在地主制便是以这种金融制度为基础的（第十一章第四节）。

高利贷是非法的制度，根据法律，约定年利率超过 20% 者，

---

[1] 《中国农村经济》(*Chinese Farm Economy*)，巴克（G.L.Buck），1930 年，第 158 页。

债权人对于超过部分之利息无请求权。①所以，契约必须用其他手段来实施而不是法律力量。高利贷者雇用他自己的收款人，在借债满期时迫使借债人还债。如果拒绝归还，收款人将使用暴力并拿走或任意损坏东西。我知道一个实例，借债人死的时候，债权人便抢走死者的女儿，带到城里做他的奴婢。借债人通常无知，不懂得寻求法律保护，社区也不支援他。他完全受高利贷者的支配，如果借债人既没有钱还债，也没有田底所有权，债权人认为比较巧妙的办法还是让借债人继续耕种，这样可以保留他向借债人未来产品提出要求的权利。借债人被逼得毫无办法时，可能在高利贷者家里自尽。高利贷者便面临着鬼魂报复，也会引起公愤而被迫失去债权。这种极端的手段虽然很少使用，但在某种程度上，对防止高利贷者贪得无厌的做法是有效的。

高利贷者住在城里，每人有一外号。同我调查的这个村庄有关系的一个高利贷者，姓施，叫剥皮。这一外号说明了公众的愤恨，但他却又是农民急需用款时的一个重要来源。可供借贷的款项极为有限，而需求又很迫切。入狱或者失去全部蚕丝收益的后果更加势不可挡。向高利贷者借款至少到一定的时候，还可能有一线偿还的希望。

我未能计算出村里高利贷者放债的总数。因为田底所有权转移到村外的其他方式即使有的话，也是很少的。租佃的范围可能就说明了高利贷制度的范围。

高利贷的存在是由于城镇和农村之间缺乏一个较好的金融组

---

① 《民法》，第 205 条。

织。在目前的土地占有制下，农民以付租的形式，为城镇提供了日益增多的产品，而农民却没有办法从城镇收回等量的东西。从前，中国的主要纺织工业，例如蚕丝和棉织工业在农村地区发展起来，农民能够从工业出口中取得利润以补偿农村的财富外流。农村地区工业的迅速衰退打乱了城镇和农村之间的经济平衡。广义地说，农村问题的根源是手工业的衰落，具体地表现在经济破产并最后集中到土地占有问题上来。在这个村子里，为了解决当前的问题，曾致力于恢复蚕丝业。这种努力的部分成功是很重要的，它也是在尖锐的土地问题下减轻农民痛苦的一个因素。

五 信贷合作社

关于信贷问题，我也应该提一下政府为稳定农村金融而采取的措施。农村的合作信贷系统实际上不是农民自己的组织，而是农民用低利率从国家银行借钱的一种手段。江苏省农民银行专拨一笔款项供农民借贷。这一措施指望基本解决农村资金问题，但它的成功与否取决于它的管理水平和政府提供贷款的能力。在我们这个村里，我知道这个合作社借出了数千元钱。但由于借债人到期后无能力偿还债务，信贷者又不用高利贷者所用的手段来迫使借债人还债，借款利息又小，不足以维持行政管理上的开支。当这笔为数不大的拨款用完后，信贷合作社也就停止发生作用，留下的只是一张写得满满的债单。

目前，至少在这个村里，这种试验的失败告诫我们，需要对当地的信贷组织有充分的知识，这是很重要的。如果政府能利用现有的航船、互助会等系统来资助人民，效果可能要好一些。建立一个新的信贷系统需要有一个新的约束办法。在当地的信贷系统中，对到期不还者有现成的约束办法。如果能利用传统的渠道，再用政府的力量将其改进，似乎成功的机会会大一些。

第十六章　中国的土地问题

上述一个中国村庄的经济生活状况是对一个样本进行微观分析的结果。在这一有限范围内观察的现象无疑是属于局部性质的。但它们也有比较广泛的意义，因为这个村庄同中国绝大多数的其他村子一样，具有共同的过程。由此我们能够了解到中国土地问题的一些显著特征。

中国农村的基本问题，简单地说，就是农民的收入降低到不足以维持最低生活水平所需的程度。中国农村真正的问题是人民的饥饿问题。

在这个村里，当前经济萧条的直接原因是家庭手工业的衰落。经济萧条并非由于产品的质量低劣或数量下降。如果农民生产同等品质和同样数量的蚕丝，他们却不能从市场得到同过去等量的钱币。萧条的原因在于乡村工业和世界市场之间的关系问题。蚕丝价格的降低是由于生产和需求之间缺乏调节。

由于家庭手工业的衰落，农民只能在改进产品或放弃手工业

231

两者之间选择其一。正如我已说明的，改进产品不仅是一个技术改进的问题，而且也是一个社会再组织的问题。甚至于这些也还是不够的。农村企业组织的成功与否，最终取决于中国工业发展的前景。目前的分析对那些低估国际资本主义经济力量的改革者来说，是一个警告。

如果农村企业不立即恢复，农民只得被迫选择后者。他们将失望地放弃传统的收入来源，正如纺织工业已经发生的那样。如果从衰败的家庭手工业解除出来的劳动力能用于其他活动，情况还不至于如此严重。必须认识到工业发展中，某些工业并不一定适合留在农村。但就目前来说，尚无新的职业代替旧职业，劳力的浪费将意味着家庭收入的进一步减少。

当他们的收入不断下降，经济没有迅速恢复的希望时，农民当然只得紧缩开支。关于中国农民的开支有四类：日常需要的支出，定期礼仪费用，生产资金，以及利息、地租、捐税等。正如我们已经看到的，农民已经尽可能地将礼仪上的开支推迟，甚至必要时将储备的粮食出售。看来，农民的开支中最严峻的一种是最后一种。如果人民不能支付不断增加的利息、地租和捐税，他不仅将遭受高利贷者和收租人、税吏的威胁和虐待，而且还会受到监禁和法律制裁。但当饥饿超过枪杀的恐惧时，农民起义便发生了。也许就是这种情况导致了华北的"红枪会"，华中的共产党运动。如果《西行漫记》的作者是正确的话，驱使成百万农民进行英勇的长征，其主要动力不是别的，而是饥饿和对土地所有者及收租人的仇恨。

在现在这个研究中，我试图说明单纯地谴责土地所有者或即使是高利贷者为邪恶的人是不够的。当农村需要外界的钱来供给他们生产资金时，除非有一个较好的信贷系统可供农民借贷，否则不在地主和高利贷是自然会产生的。如果没有他们，情况可能更坏。目前，由于地租没有保证，已经出现一种倾向，即城市资本流向对外通商口岸，而不流入农村，上海的投机企业危机反复发生就说明了这一点。农村地区资金缺乏，促使城镇高利贷发展。农村经济越萧条，资金便越缺乏，高利贷亦越活跃——一个恶性循环耗尽了农民的血汗。

中国的土地问题面临的另一个困境是，国民党政府在纸上写下了种种诺言和政策，但事实上，它把绝大部分收入都耗费于反共运动，所以它不可能采取任何实际行动和措施来进行改革，而共产党运动的实质，正如我所指出的，是由于农民对土地制不满而引起的一种反抗。尽管各方提出各种理由，但有一件事是清楚的，农民的境况是越来越糟糕了。自从政府重占红色区域以来到目前为止，中国没有任何一个地区完成了永久性的土地改革。

我们必须认识到，仅仅实行土地改革、减收地租、平均地权，并不能最终解决中国的土地问题。但这种改革是必要的，也是紧迫的，因为它是解除农民痛苦的不可缺少的步骤。它将给农民以喘息的机会，排除了引起"反叛"的原因，才得以团结一切力量寻求工业发展的道路。

最终解决中国土地问题的办法不在于紧缩农民的开支而应该增加农民的收入。因此，让我再重申一遍，恢复农村企业是根本的措施。中国的传统工业主要是乡村手工业，例如，整个纺织工业本来是农民的职业。目前，中国实际上正面临着这种传统工的迅速衰亡，这完全是由于西方工业扩张的缘故。在发展工业的问题上，中国就同西方列强处于矛盾之中。如何能和平地解决这个矛盾是一个问题，我将把这个问题留待其他有能力的科学家和政治家去解决了。

但是有一点，与中国未来的工业发展有关，必须在此加以强调。在现代工业世界中，中国是一名后进者，中国有条件避免前人犯过的错误。在这个村庄里，我们已经看到一个以合作为原则来发展小型工厂的试验是如何进行的。与西方资本主义工业发展相对照，这个试验旨在防止生产资料所有权的集中。尽管它遇到了很多困难甚至失败，但在中国乡村工业未来的发展问题上，这样一个试验是具有重要意义的。

最后，我要强调的是，上述问题自从日本入侵以来并未消失。这种悲剧在建设我们的新中国过程中是不可避免的。这是我们迟早必然面临的国际问题的一部分。只有经历这场斗争，我们才有希望真正建设起自己的国家。在斗争过程中，土地问题事实上已经成为一个更加生死攸关的问题。只有通过合理有效的土地改革，解除农民的痛苦，我们与外国侵略者斗争的胜利才能有保证。现在日本入侵，给我们一个机会去打破过去在土地问题上的恶性循环。成千个村庄，像开弦弓一样，事实上已经被入侵者破坏，然而在它们的废墟中，内部冲突和巨大耗费的斗争最后必将终止。一个崭新的中国将出现在这个废墟之上。我衷心希望，未来的一代会以理解和同情的态度称赞我们，正视我们时代的问题。我们只有齐心协力，认清目标，展望未来，才不辜负于我们所承受的一切牺牲和苦难。

附录一　关于中国亲属称谓的一点说明

由于对人类学中亲属称谓问题具有特殊的兴趣，我想为本书增写一个附录，作为"亲属关系的扩展"这一章的补充。

必须弄清楚亲属称谓的结构分析至多只能作为研究整个亲属系统问题的一部分，如果仅仅提供一个称呼表是没有什么用处的，因为这不能说明它们的社会意义。过去的有关研究都用这种方法处理，从摩尔根和哈特的旧著直至冯汉骥[①]最近的出版物都是如此。这是由于对语言的概念谬误，把词语看作是表现现实的结果，因此才相信对亲属称谓的分析就足以了解亲属关系的组织情况。

像其他一切语言资料一样，亲属关系的称谓应该结合其整个

[①]　我对用历史书面语言研究中国亲属制度的批评，参见《中国亲属关系制度问题》(*The Problem of Chinese Relationship System*)，《华裔学志》(*Monumenta Serica*)，第 2 卷，1936—1937 年；我对冯汉骥的《中国亲属制度》(*The Chinese Kinship System*) 的评论，参见《人类》(*Man*)，1938 年 8 月，第 135 页。

处境来研究。它们被用来表示某人身份或对某物享有某种权利，表达说话人对亲属的感情和态度，总之是说话人对亲属的部分行为。我们必须直接观察称谓究竟是如何使用的，然后才能充分地分析[①]。但在本说明中不可能详尽地研究这一问题，我只想为今后的进一步调查研究提供一个提纲。

中国亲属称谓从语言处境来说大致可分为四类：

一、某人直接与亲属说话；

二、某人说话时间接提到亲属；

三、某人用通俗口语描述亲属关系；

四、用书面语表达亲属关系。

一 对话时的称呼

对话时的称呼是个人生活中最早使用的一套亲属称呼。人们教孩子用亲属称谓称呼他所接触的不同的人。孩子最先接触要称呼的人便是他家里的人——父母、父亲的双亲，有时父亲的兄弟和他们的妻子、孩子以及父亲的未婚的姐妹等等。在多数情况下母亲抱孩子，母亲的家务繁忙时，她便把孩子交给别人抱，这时孩子的祖母、父亲的姐妹、孩子的姐姐以及父亲兄弟的妻子将代替母亲担任起照看孩子的功能。

家中的男性成员对照看孩子负较少的直接责任。但当孩子长

---

① 语言理论，参见布·马林诺夫斯基《珊瑚园和它们的巫术》(Malinowski, *Coral Gardens and Their Magic*)，第 2 卷，1935 年。

大时，父亲作为孩子的纪律教育者，他的作用便逐渐显得重要起来。（孩子与亲属的关系，参看第三章第四节和第五章第一、二节。）父亲方面的亲属称谓见下表：

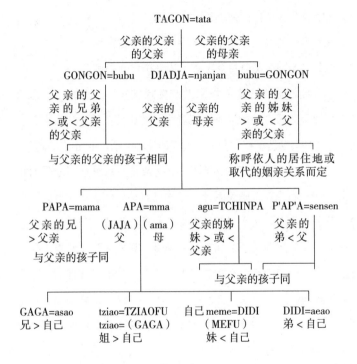

说明：＝代表婚姻关系；＞代表年长的；＜代表年幼的；（　）表示近来用的称谓。下同。

表中所记载的有时只是实际生活中所使用的称谓的基本词。对讲话的人来说，每一个称呼代表一个确定的人。如果与讲话人有同样关系的有两个以上的人，例如他父亲的两个哥哥，则须在基本称呼词前面加修饰词，以表示特指的关系。他将称父亲的大

237

哥为"DA PAPA"（"DA"意思是年纪大的或年长的），称父亲的二哥为"N'I PAPA"（"N'I"意思是第二）。修饰词有两种：数词和个人名字。一般说来，对近亲或亲属中年纪大的，如父亲的兄弟姊妹及自己的哥哥、姐姐加数字。对远亲和弟弟妹妹则加个人的名字作为称谓前的修饰词。

所有下代的亲属均用个人名字或以简单数字称呼。

对父系亲属分类时可从上表看出几个主要规则：

一、性的区别。这一规则没有发现例外。在上表中，语言区别与社会关系方面的区别，两者之间的相关关系大。在家务劳动、其他社会功能、权利和义务方面的性的区别在上面已有描述。

二、亲属关系级别的区别①。根据亲属关系级别而分化的社会义务和权利，在亲属关系社会学中已有很好的表述。例如，祖父对孙子往往不像父亲对儿子那样行使他的权威，相反还经常姑息孩子，在父亲和儿子之间充当调停者。只要父亲还活着，孙子对祖父没有特定的经济义务。但上二代上三代的男性称谓，除父亲的父亲外有同一个基本称谓词"GON"；"TA"是修饰词，意思是大。实际上，"TAGON"这个称呼在直接对话中很少用，因为罕见有四代同堂的。

三、血亲关系与姻亲关系之间的区别。由于婚嫁而产生的姻亲与由于生育而产生的血亲总是有区别的，譬如，父亲的姊妹与父亲的兄弟的妻子有区别。在日常生活中就保持这种区别。父亲

① 根据雷蒙德·弗思，亲属关系级别在下述意义上与世代不同，即"前者根据出生，含有生物学上分类的意思；后者根据家谱等级，属于社会学上的次序"，《我们，蒂蔻皮亚人》（We, The Tikopia），1936年，第248页。

的兄弟的妻子，即使不住在一所房屋内，但也住得不远，而父亲的姊妹出嫁后通常便住到另一个村子里。前者，在需要的时候便接替母亲的任务，后者则多数在逢年过节、走亲戚时才见面。

四、自己同代中，年长的或年幼的亲属的区别或自己直接的男性上代中，年长的和年幼的亲属的区别。这种区别只存在于自己的一代或自己的上一代。但称呼后者，发音区别不大，因为父亲的哥哥和弟弟都用"PA"这个音，只是称呼哥哥的音长一些，称弟弟的音短一些，然而区别还是有的。对父亲的姊妹和她们的丈夫用同样称呼，大小没有区别。

哥哥和弟弟的区别可与长子的特殊权利和义务联系起来（第四章第三节）。上代亲属的社会关系区别较少，从称谓的融合来看，也反映了这一点。

五、家庭群体的区别。这一规律不影响自己这一代。自己的上一代，父亲这个称谓与称呼父亲的兄弟用同一个主要词素"PA"。而近来又有一种新的称谓"JAJA"。用于描述这种关系时，"JA"是父亲的称谓。母亲和父亲兄长的妻子用同一个主要词素"ma"。虽然如此，保持的区别说明了同样一个事实，即在较大的亲属关系单位家中，家庭核心并未完全被湮没。

从上述情况，我们可以看出亲属关系的语言与亲属社会学之间大体上是相关的。这种关系只能在分类的普遍规律中找到，而不能在具体称呼中找到。

第二类亲属是孩子母亲方面的亲属，他们通常住在邻近的村子里。虽然，孩子的外婆在他母亲生孩子时就来帮忙，但她待得不长；女儿出嫁以后，母亲只是在这种情况下偶尔在女婿家待一夜。但是孩子却常和母亲一起到外婆家去，每年数次，每次住10天或十多天。在外婆家，他是客人而且是受娇宠的（第五章第二节）。他在这个环境中学到了母亲一方的亲属称谓，其含义与他在父亲一方学到的自己的亲属称谓不同。

母系亲属与父系亲属在称呼上的区别主要存在于上一代，母亲自己的父母例外。正如我已在上面说明的，与自己有亲密关系的母系亲属限于母亲的父母，母亲的兄弟和姐妹以及他们的儿女。特殊的称谓也限于他们，与自己同一代的亲属除外。年长的和年轻的区别仅在对母亲的姊妹的称呼。这种区别是在称呼前加修饰词来表示。他们和自己在社会关系方面没有区别。

通常一个人，在童年时便学会了全部亲属称谓，有时弟弟妹妹的称呼除外。成婚后再加上的新称谓很少。

已婚妇女在她的婚礼结束后，人们便把她丈夫一方的亲戚介绍给她。在介绍时，她同她丈夫一样称呼他们，公公除外，她称公公为"亲爸"。称丈夫的兄弟的妻子，同她称自己的姊妹一样。结婚初期，她是一个新来的人，不便于同她丈夫一方的亲属有过多密切的接触。她甚至不称呼自己的丈夫。因此，彼此间没有特别的称呼。例如，她烧好了饭，便招呼"大家"，意思是大家来吃饭。这种无名的称呼是大家认可的做法。她要提起丈夫时，用一个简单的代名词就足够了。但如果她必须称呼亲戚时，她用丈夫所用的称谓。生下了孩子后，她代表着孩子，与丈夫一方亲属的接触增多。她也有义务教育孩子称呼长辈。亲属关系称谓是这种教育的一个组成部分。代孩子问询或问到孩子并教孩子认识亲属关系时，她用孩子应该用的称谓。例如，在这种情况下她叫孩子的祖父为"DJADJA"。但这并不意味着，放弃在别的场合用"TCHINPA"的称谓。事实上她可以根据不同情况选择她自己专用的、她丈夫用的以及孩子用的称谓。母系亲属称谓见下表：

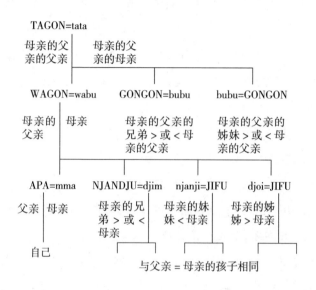

一个男人称他妻子的父亲为"TCHINPA"，称妻子的母亲为"tchinm"。"TCHINPA"的称呼也用于父亲的姊妹的丈夫。它既然也被媳妇用来称呼公公，这表明了两种表亲婚姻——"上山"型和"回乡"型（第三章第八节）。在实际生活中"回乡"型不受欢迎。因此，称谓的识别不能只用婚姻方式来理解。

对于他妻子的其他亲戚，根据不同的场合用他妻子或孩子用的合适的称呼。

实际使用的称谓，其数目取决于亲属关系群体的大小。在农村，家的规模小，所以称谓数目不会大。此外，一个孩子的母亲如果是通过"小媳妇"制度成婚的，则整个母系亲戚群可能就消灭了。

二　间接称谓

如是一个人对另一个人谈起某一个亲戚，对这个亲戚用什么称呼呢？牵涉到三个人：A. 说话人；B. 同 A 谈话的人；C.A 和 B 谈及的人。

A 对 B 谈及 C 时可用：

（1）他招呼 C 时所用的称谓，或

（2）用 B 招呼 C 时所用的称谓，或

（3）用口语或书面语描述 A 和 C 之间的关系或 B 和 C 之间的关系时所用的称谓（见下节），或

（4）用提及非亲属时所用的称谓（第五章第四节）。

应用这些原则还须视 A、B 和 C 之间存在的关系而定——他们是否属于同一亲属群体，在亲属级别和社会地位方面哪一个是长者。

一般的规则可列公式如下，但没有篇幅一一举例说明并描述特殊例外。

1. A、B 和 C 属于同一家：

（a）C < A 和 B，用 C 本人的名字

（b）C = A 和 B，用（1）

（c）C > A 和 B，A < B，用（1）

　　　　　A = B，用（1）

　　　　　A > B，用（2）

2. A、B 和 C 属于同一个扩大了的亲属群体：

（A）C 在 A 的家中：

（a）用（3）或个人名字

（b）用（3）或个人名字

（c）A＜B，用（1）或（3）

A＝B，用（3）

A＞B，用（2）

（B）C 在 B 的家中：

（a）用 C 的个人名字

（b）用（2）（3）或（4）

（c）A＜B，用（1）

A＝B，用（1）或（3）

A＞B，用（2）（3）或（4）

3. A 和 B 之间没有亲属关系（哪一个是长者系按年龄大小和社会地位高低来计算的）：

（A）C 是 A 的亲属：

（a）用（3）或个人名字

（b）用（3）或个人名字

（c）A＜B，用（1）或（3）

A＝B，用（3）

A＞B，用（3）或（4）

（B）C 是 B 的亲属：

（a）用（3）或个人名字

（b）用（3）或个人名字

（c）A < B，用（4）

A = B，用（3）或（4）

A > B，用（2）（3）或（4）

在上述情况中，A 和 B 是直接对话，C 是间接地被谈及。另一种情形是 A 和 C 对话，B 作为涉及的中心。我已经指出，孩子由别人作为代言人的例子。孩子的母亲代孩子说话称公公为"DJ-ADJA"，即祖父。在这种情况下，A 并不是作为他或她自己在说话，而是替别人说话。这不能同直接对话时用的称呼混淆。

三 描述亲属关系用的称谓

这类称谓与上述称谓不同，后者指特定的人，前者指这种关系。一个孩子叫母亲"ma"，但两者之间的关系被描述为"NITZE"（儿子）和"njian"（娘）。

如上节所示，这种称谓在间接提到时也使用。例如，一个大人问小孩"你的 njian 怎么样了？"或"他 njian 好吗？"在这种情况下，除非完全不可能混淆，一般要加一个代名词。

描述关系用的一般称谓是可以"归类的"，因为可能有一群人与自己有同一类关系。例如，父亲有两个弟弟，他们同自己的关系是一样的，即"SOSO"（叔叔——父亲的弟弟）和"ADZE"（阿侄——兄弟的儿子）的关系。

对话时用同一个基本称谓表述的亲属分类与描述亲属关系时用的称谓的分类不同。例如，称母亲的兄弟的儿子与称父亲的兄弟的儿子用同样的称呼，但在描述关系时，前者为"PIAOGA"（表哥），后者为"AGA"（阿哥）。称呼所有下代的亲戚用个人名字或用数字，但描述关系的称谓则分类了，自己的儿子叫"NITZE"（儿子），兄弟的儿子叫"ADZE"（阿侄），姊妹的儿子叫"WASEN"（外甥）等。

在这一类称呼中，口头语言和书面语之间可能不一致。口语和书面语的总的区别在于前者系当地人口说的，后者为所有有文化的中国人写的。当然两者都可以口头说和用文字写，在实际运用中，总起来说，一直保留着这种区别。虽然近来有一种发展口头文学的尝试，换句话说，就是写成口说的形式，即白话，实际上是"北京话"。另一方面，几千年来有文化的中国人用的书面语言是以书写的文字表达的，可以根据地方的特有语音，读法不同；但总是写在纸上，随时可以读它。由于书面语的语法与口语语法不同，将前者读出来，普通人听不懂。书面的词语仅在特殊的情况下出现于口语中。书面表示一件东西或一种关系与口头表达所用词语可以不同。这种区别可以用亲属称谓举例说明。例如，描述父亲的关系，书面词用"Fu"（父），但口语，在村庄中用"JA"（爷）。此外，在书面语中分类别的亲属在口语中可能就没有区别。例如，父亲的兄弟的儿子这一亲属关系和父亲的父亲的兄弟的儿子的儿子，在口语中都叫"Z–ZOSHONDI"（自族兄弟——我本族的兄弟），但在书面则分别称"TONSHON"（堂兄）和"ZETONSHON"（族堂兄）。

我不能在此充分阐述书面的和口头的亲属称谓之间的关系问题。我已在别处扼要发表了我的观点。"在称谓的书写系统中，理论家系统地完全地实现了分类原则，这些分类原则是在亲属关系系统变化的实际过程中注意到的。每一代用同一主干定名，垂直分裂成两组，年长的和年轻的，然后在这个'家庭'（父母子女这个团体）的称谓前加修饰词以此表示它不同于其他'家庭'；其他'家庭'又根据其与这个'家庭'的亲疏加以区别。这种逻辑结构不仅模糊了年长和年轻的类别的存在，特别是年少的一类失去了特殊的称呼，而且还错误地表述了这些原则实际应用时的现实性。这种结构的结果是，书面语的称谓系统与实际上实行的称谓系统相去甚远。当然，上面提到的变化方向曾受到了书面称谓系统的很大影响。然而中国社会组织的新变化，如族的部分瓦解，母系亲属的日益重要，妇女社会地位的变化等，正如对吴江情况分析中所显示的，已经形成了一种变化的趋向，这些是过去的理论家所未预见到的，同时也是在已编纂的书面称谓系统中找不到的。故新的社会变化将促使实践中的称谓系统更加远离书面的称谓系统。"①

---

① 《中国亲属关系制度问题》，第 148 页。在上述引语中，实际上实行的称谓系统指口语的称谓，书写的称谓系统指书面称谓。书面称谓的详单可见陈和施赖奥克（Chen and Shryock）的《中国亲属称谓》（Chinese Relationship Terms）一文，《美国人类学家》（American Anthropologists），第 34 卷，1932 年第 4 期；或冯汉骥，同前引文，《哈佛亚洲研究杂志》（Harvard Journal of Asiatic Studies），第 2 卷，1937 年第 2 期。

附录二　三访江村①

　　从青年时代踏进这门学科，我就已经向往的荣誉，经过了半个世纪坎坷的道路，到了垂暮之年，突然落到自己身上的时候，欣慰愧赧可能是形容此时内心感受最适当的语词。去年英国皇家人类学会通知我要我在今年冬季到伦敦来接受赫胥黎纪念奖章是完全出乎我意料的。古人云："人贵有自知之明"。以我学术上的成就来说，我绝不敢妄想和从这个世纪开始时起接受这奖章的任何一位著名学者相提并论。但是我一想到这个光荣榜上开始列入中国人的姓名时，我感到衷心喜悦。这表明了英国皇家人类学会的学者们怎样重视这门学科。今后的发展将有赖于全世界各国、各民族的学者们的共同努力。我在这个体会的驱策下，欣然就道，来到我的母校伦敦经济政治学院，经过了35年，再一次站到这个讲台上来，虽然使我不胜遗憾的是已经不能再见到主持我

---

① 本文为作者1981年在伦敦接受英国皇家人类学会颁发的赫胥黎奖章时的演讲。——编者注

247

那次大学演讲的托尼（R. H.Tawney）教授了。

提到汤姆斯·赫胥黎（Thomas H.Huxley），这是我们中国知识界熟悉的名字。早在1895年，我出生前的15年，他的名著《进化与伦理》（*Evolution and Ethics*）已经由英国海军学校毕业的中国清代学者严复用当时优美的古文翻译出版，书名《天演论》。1976年，又有人改译成当前通行的白话文的版本行世。到今天来说，在中国至少已经有四代人受到这位英国学者的影响了。为纪念他而设的讲座名单上列入中国人的姓名，可以认为是对这位人类学的先驱者在全世界人民思想上所起的促进作用的历史肯定。荣誉属于这位先哲的本人。

坦率地说，使我发愁的倒是我自己能在这个庄严的讲台上讲些什么来报答同仁们对我这样殷切的期待？在这里我不能不感谢今天在座的我的老师雷蒙德·弗思（Raymond Firth）爵士。他在今年6月里，遥感到我的困难，伸出了援引的双手。他来信说："我看到你还没有决定在你的赫胥黎讲演里将对我们说些什么……在我心中涌现的各种意见中，有一种也许更突出一些的是讲讲你对开弦弓村1938年以来所发生的变化的看法。"开弦弓村是我在1936年调查过的一个靠近我出生地江苏吴江县的农村，想用它来代表这一类型的农村，我给它一个"学名"叫"江村"。后来我到这个学校来上学，就在马林诺夫斯基（B.Malinowski）教授的指导下，根据这个农村的调查材料写成论文，1938年出版，书名 *Peasant Life in China*，中文称《江村经济》。

在我收到这位老师的来信之前，我早已有意想在我的余生中写一本书，叙述这个农村的新面貌。今年10月我有机会偕同我在上述书中提到的那位姊姊，现在已经 78 岁，一起去开弦弓村走了一趟，当然说不上什么实地调查，事实上只可以说是回乡探亲。乡亲们的热情是难于形容的。我完全沉浸在友谊的海洋里。这种感情的余波，也使我忘记了今天我是在一个学术的讲座上。我恳求你们的宽容，让我讲一些只适合于朋友间茶余酒后的谈话，为大家摆一摆这个已经为西方学者熟悉的开弦弓村半世纪来的变化、当前的问题和今后的前景。

莫里斯·弗里德曼（Maurice Freedman）教授在生前曾告诫进行微型调查的人类学者，不要以局部概论全体，或是满足于历史的切片，不求来龙去脉。所以我必须首先指出，开弦弓村只是中国几十万个农村中的一个。（全国有大约 500 万个生产队，江村现在有两个生产队或两个村。）它是中国的农村，所以它具有和其他几十万个农村的共同性，它是几十万个中国农村中的一个，所以它同时具有和其他中国农村不同的特殊性。我认为只要把它在中国农村中所具有的共性和个性实事求是地讲清楚，也就可以避免弗里德曼所指出的错误了。

开弦弓村处于苏杭之间，太湖之滨。古语有言："上有天堂，下有苏杭"，指出了在经济上这是中国的一个富饶地区。不仅因土地肥沃，水源充足，农产较高，而且以农产品为原料的副业和手工业也较为发达。这个特点已有很长的历史，一直维持至今。按 1979 年全国抽样调查了 70 万个生产大队，该年个人平均年收入不到 100 元。[1]而开弦弓村所在的苏州地区 1980 年个人平均年

---

[1] 《中国农业年鉴》，农业出版社，1980 年，第 5、383 页有关数字计算。

收入约 250 元。这地区在经济上占先的地位是明显的。开弦弓村在苏州地区却处于中级，个人平均年收入接近 300 元，略高于这个地区的平均数。我们抓这个在全国居上游、上游中又居中级的农村进行解剖，就可以和比它好的和比它坏的农村相比较，从而看到当前中国农村经济正在怎样变化，要致富上升应采取什么道路。

用开弦弓村作为一个观察中国农村变化的小窗口有一个好处，就是我们有近 50 年的比较资料。我本人在 1936 年夏季搜集过一些基本资料已如上述。1956 年 5 月现在澳大利亚悉尼大学任教的威廉·格迪斯（W.R.Geddes）教授访问过这个农村，1963 年出版了 *Peasant Life in Communist China*（《共产党领导下的中国农民生活》）一本专刊。我本人在 1957 年夏季又去重访江村。这次调查的资料在过去动乱时期中已经散失，正在访求中。今年 9 月，美国马利兰州立大学的南希·冈萨勒斯教授（Nancie Gonzalez）访问了这个农村。我本来打算同她一起去的，因病延期到 10 月才去成。我的访问时期虽短，但还是搜集了一些基本资料。

开弦弓村在这近半个世纪中所经历的道路基本上是和中国的其他农村一致的，但是也有它的特点。我离开这村子以后两年，1938 年日本侵略军占领了这个地区。我在 1936 年说当时中国的农民问题是个饥饿的问题，在经济方面如果确是如此的话，从 1936 年到 1949 年农民的生活不但没有改善而是更为贫困了。当时全村的土地已有 56.5% 被地主所占有，75% 的人家靠租田和借高利贷过日子。水利无人关心，太湖洪水一发，这些滨湖地区立即受灾。农田的粮食产量逐年下降，亩产稻谷大约只有 300 斤，蚕丝副业几乎停顿，加上苛捐杂税，盗贼横行，真是民不聊生。造成这悲惨局面的根本原因，我在上述书中归结于土地制度和维持这种制度的政治权力。正如格迪斯教授书中所叙述的，1949年的解放，改变了政治权力的性质，1951年的土地改革改变了土地私有制，农民真正成了自己土地的主人，从此中国进入一个新的历史时期。我必须在这里指出，中国人民能取得政治权力和改变土地制度，没有中国共产党的领导是不可能的。

土地改革后，农民在自己的土地上耕种，积极性空前高涨。若以土改完成后的1952年和1949年相比，全国平均粮食生产增长了42.8%，农民购买力提高了一倍。以开弦弓村来说，1936年的粮食亩产量是300斤，1952年据格迪斯教授的数字是500斤，增加了66%。如格迪斯教授所记下的，这个村子完成了合作化后，粮食产量继续上升，到1955年已达亩产560斤。1956年就是合作化后一年，当时农民给格迪斯教授的预算该年亩产量将达700斤，那就是比合作化前1955年增加28%；比1952年增加42%。这年全国粮食产量比1952年只增加14%，[①]像现在一样，开弦弓村当时在全国范围内是属于上游的。

1958年开弦弓村像中国的其他许多农村一样建立了人民公社。由于当时在生产上提出了过高的指标，经济上搞平调，挫伤了社员的积极性，使生产受到挫折，粮食反而减产，社员收入减少。到1960年加上了若干其他原因，全国陷入困难时期。在最严重的时刻，像开弦弓村这样的农村也发生了人口外流的情况。

---

① 《中国农业年鉴》，1980年，第34页有关数字计算。

但是在开弦弓村这种情况扭转得比较快，1962 年已经纠正了一些过"左"的措施，规定了以生产队为核算单位，和实行了计件工分制。同时还开展了农田基本建设：平整土地，开通沟渠；又推广机电排灌，基本上消灭了我在上述书中所描写的那种用人力踏水车的传统方法。从 1962 年到 1966 年，全国大动乱开始前的 4 年中，开弦弓村粮食产量平均递增率是 8.25%，又因恢复和发展了蚕桑生产的传统副业，个人平均收入在 1966 年达到 119 元。社员们至今把 1962 年作为生活进入富裕的转折点，他们用最简单的话来表达说："从那年起我们每天吃三顿干饭。""三顿干饭"是说一个壮劳力一天要吃两市斤粮食。

1966 年到 1976 年，这个全国大动乱时期，农村经济受到的破坏看来并没有城市里所受的那样严重。但是由于强调以粮为纲，集体副业和家庭副业都受到了限制，加上管理上强调统一指挥而不考虑各地区的差别，即所谓"一刀切"，和分配上的平均主义，所谓"吃大锅饭"，农村经济进入了停滞状态。以开弦弓村来说，1966 年到 1978 年的 12 年中，粮食总产平均递增率是 3.95%，不到大动乱前的一半。由于单打一抓粮食，忽视了工、副业生产，与粮食生产上忽视了节约成本开支的重要性，加上人口增长，个人平均年收入一直徘徊在 114 元上下，也就是停在 1966 年的水平上。

这次全国大动乱在农村中的消极影响到 1978 年底才得到全面纠正，中国的农村经济又进入了一个新的发展时期。在我继续讲到这几年在开弦弓村见到的新气象和新问题之前，我想插进一段讲一讲影响着农村经济的另一个重要因素，它就是人口问题。

从 1949 年解放以来，中国的经济得到了空前的发展，人民生活得到了显著的改善，而同时人口也有较快的增长。1917 年，中国人口有 4.4 亿人，32 年后（1949 年）人口增加了 1 亿，达 5.4 亿。又经过了 32 年，1980 年末估计中国人口已近 10 亿，约占世界人口的 22%，在这段时期里，中国人口增加 81%，每年平均增长 19%。这样多的人口，分布又极不均匀，90% 以上分布在中国的东南半壁，东南一半的人口密度 10 倍于西北半部，其中长江三角洲和珠江三角洲每平方公里平均有 400 到 500 人，是世界人口最密集地区之一。

开弦弓村就在这人口最密集地区。我在 1939 年得到当时这个村子的人口数字是 1458 人，格迪斯教授得到 1956 年的数字是 1440 人。虽则由于该村行政地区划分略有改变，在比较人口数字时还需要加以校正，但已有的数字可以说明在这一段时间里，开弦弓村在抗战时期可能由于战争的影响人口有所下降。而且解放后在全国人口开始暴涨的最初 8 年（1954 至 1957 年全国出现第一次人口高潮，每年平均增长 24%），开弦弓村人口却比较稳定。我至今还没有找到 1957 年到 l965 年这段时期的人口资料，而这正是它的人口开始上升的时节。1966 年开弦弓村人口已达到 1899 人，比 1956 年增加 459 人，即 31.9%，增加率甚至超过了全国的平均数，出现了人口暴涨。

对于开弦弓村这个特殊现象的解释还有待于今后的研究。但是现在可以提到的是，我在上述书中已经讲过的，这个村子的农民长期以来存在着人口控制的习惯。我在这次访问中曾追问他们为什么后来抛弃了这个习惯而让人口暴涨呢？他们给我的解释首先是政府禁止溺婴，所以儿童多了，后来群众有了节制生育的医学方法之后，儿童还是比较少。这种解释是否可靠还待调查。但是这表明这村的农民并没有改变对人口需要控制的传统观念。

当前开弦弓村的人口 2308 人，和 1936 年或 1956 年相比，只增加约 60%，和全国在相同时间里的增加率相比应当说是比较低的。在这个增加率中除了出生数增加外，还有死亡数降低的一方面。这方面在我这次访问中印象很深，不仅是我还能找到许多 30 年代相识的老乡，而且从人口资料中看到在 70 岁以上的人数，1936 年是 17 人，而现在却有 114 人。人民生活水平的提高和医疗卫生事业的改善改变了过去多生多死的控制人口的公式。在早就意识到人口压力的开弦弓村，用科学方法进行的计划生育正符合人民的需要，这使得这村的干部在答复我问到最近落实计划生育政策的情形时，很有把握地说："这在我们这里是没有多大困难的。"人口统计也证实了这一点，自从 1977 年以后不仅增长率已经降低，而且已出现过负号的年头。

我不敢说在开弦弓村所见到的人口现象在全中国有多大的代表性。从已有的资料看来，开弦弓村的历年人口的变化和中国全部的人口变化两者之间的差距是相当大的。但是即以开弦弓村的情况来看，中国的人口压力已经够严重的了。在一个发展中的国家，从个体经济进入集体经济的过程中由于社会安定，生活有了保障，人口激增如果不及早预防是不容易避免的。

由于人口增长过快，影响了个人平均占有农产品的数量。尽管解放以来，我国农业生产有相当大的增长，它的增长的速度也超过人口增长的速度，但是由于人口毕竟增得过多，个人平均粮食配额就不容易提高。例如 1978 年全国粮食总产量达 6000 多亿斤，比 1949 年增长了 169.2%，但按人口平均，仅增长 52%。[①]经过解放以来的 30 多年到 1980 年，中国谷类的个人平均配额仅约有 580 斤。一部分农业落后地区还不能自己解决粮食问题。然而，开弦弓村由于土地相对肥沃，人口相对增加得慢一些，情况就显然不同。1962 年已实现了"三餐干饭"，1980 年个人平均实际得到的粮食（包括口粮及副业的粮食津贴）已接近 1000 斤；除了自己充饥之外，已有余粮喂养猪、鸡等家畜，提高家庭收入。从这个小窗户里去看全国形势，且不论人口压力对教育和就业的影响，单是为了解决粮食问题，控制人口的必要性也是很显然的。

然而，无论我们现在采取任何有效办法来控制人口，以全国来说，10 亿人口这个数目绝不容易在短时期内有所减少。据最乐观的估计，到本世纪末，中国人口将达到 12 亿。此后，如果政策对头，也许可以开始稳定和下降。现在这 10 亿人口中有 80% 住在农村里。因此，我们必须从这个基本事实出发来考虑今后中国社会经济的发展。

回想起我自己对中国农村问题的认识，《江村经济》确是一个重要的起点。在这本书里我注意到中国农村里农业、家庭副业、乡村工业的关系。我的姊姊用了她一生的岁月想从改进农村里的副业和工业，来帮助农民提高他们的生活。1938 年我从伦

---

① 《中国农业年鉴》，1980 年，第 34 页有关数字计算。

敦回国，在抗日战争时期，在中国云南省的内地农村进行社会调查，使我进一步看到在一个人口众多、土地有限的国家里，要进一步提高农民的生活水平，重点应当放在发展乡村工业上。我在 *Earthbound China*（《乡土中国》）一书里明确地提出了这个见解。1957 年我重访江村，看到当时农业上有了发展，我感到高兴，但是为那种忽视副业和没有恢复乡村工业的情况而忧心忡忡。现在，历史的事实已经证明我当时的忧虑并不是没有根据的。

这次短短的几天访问，由于激动人心的巨大进步以及令人陶醉的家乡情谊，使我担心我的观察是否会超越了科学的界限。中国有句谚语："旁观者清"，我高兴地知道在我回乡前大约 10 天，亲自到开弦弓村观察的冈萨勒斯教授将有机会用她所观察的事实来讲述她的见解。但是我也不愿意错过这个机会，把我在这次访问中得到的一些看法，在这里传达给关心中国农民生活的朋友们。

我在这个讲演开始说明开弦弓村在全国的地位时，已经说过 1980 年这个农村个人全年平均收入已接近 300 元，位于全国的前列，大约是全国平均水平的 3 倍，所以它在中国可以称作属于富裕的一类。但是开弦弓村达到这个水平还只有 3 年。3 年前，1978 年个人平均收入还只有 114 元。为什么在这几年里这个村子的农民会这样富裕了起来呢？

开弦弓村农民收入的增加主要是由于 1979 年以来贯彻了党的三中全会决定的政策，改变了农村经济的结构。那就是纠正了片面地发展粮食生产，而落实了多种经营的方针，大力发展多种多样的副业，不仅包括已纳入集体经济的养蚕业，而且扩大了各种家庭副业。在我 30 年代见到的养羊和 50 年代见到的养兔，现在已成了家家户户经营的副业，并且已是家庭收入的重要部分。以养兔为例，养一只长毛兔，每年可以出售兔毛 10 元以上。而很多人家养五六只甚至 10 只以上。全公社一共养兔 10 万只，一年总收入超过 100 万元。各种家庭副业合在一起，个人平均收入 1980 年约 120 至 150 元，占个人平均总收入的一半。

开弦弓村有一家，共 3 人，1980 年出售肉猪 9 头，养羊 2 只，养兔 8 只，加上卖给集体的肥料和自留地所种的能出售的油菜籽等等，一年得到 1087 元，他们从集体劳动工分（包括农业和集体副业）收入 660 元，每人平均收入是 582.3 元。这一家在开弦弓村还并不是突出富裕的人家；另一家，共 5 人，其中 4 个劳动力，1980 年收入 2429 元，人均 485.8 元。这家全年日常生活费用是 960 元，储蓄 1469 元，预备添盖房屋。

开弦弓村的老乡一致同意，吃和穿，也即是温饱，已经不成问题。现在主要的问题是住，也即是房屋和家具。冈萨勒斯教授能用她在农民家亲自吃过的伙食来说出他们的水平。她会告诉你们所尝到的使她称赏不已的饭菜，并不是特地为她的访问而准备的。她常常在人家家里谈话到了吃饭的时候，主人按当地的习惯一定要留客共餐，那就可以吃到各家日常的饭菜了。

至于穿着，已经超过了保温的要求。对于年轻人来说，时行的式样成了主要的考虑。手表对他们计时的用处可能还不及装饰的功能；上一代的手镯已让位给上海牌的手表了。在这一方面还是让冈萨勒斯教授所摄的相片来替我说话更为生动。

冈萨勒斯教授的相片也会告诉我们，我上述书中所附相片上的一些房屋至今还在，只是陈旧了一些。人口增加 60% 而房屋的增建却远远落后。该村干部提供我们关于住房的数字从 1948 年到 1980 年每人平均增加不到一平方米，全村增建一共不到 100 间。我参观了一个生产队，10 多家，挤在 3 个大门内，在 30 年代这里只住 3 家人。建筑房屋的困难，比如土地少，建筑材料不容易买得到等等，我不在这里多说。要说的是这个村子的老乡手边有钱能想到建筑房屋，还是近几年来的事。建造一间房要 1000 元，一家至少要 3 间。在 1978 年前有多少农民的积蓄能达到 3000 多元呢？而这几年来，情况变了，农民现金收入多了，一年上千元的储蓄已经不稀奇。这些钱怎样花呢？绝大多数的农民的答案是居住更新。

这次访问中特别引起我兴趣的是农村中居住更新的过程一般是通过青年一代结婚的机会进行的。新婚夫妇需要单独的卧室。在房屋紧张的情况下，不是延期结婚，就得把老房间分隔。在开弦弓村老一代中确有一生娶不起老婆的人。这几年农民具备了盖新房屋的经济条件时，凡是有儿子要结婚的就急于要扩建住所。过去一年中，靠河边大约有 250 户人家的几个生产队一共建造了 50 间新房子，几乎全是扩建旧宅的性质。因之，这村子房屋的布局更见凌乱。新建房屋内床柜箱桌等等用具也是大多在结婚过程中添置的。从订婚到结婚这段时间里，男女双方的家长忙于张罗。由于开弦弓村是父系父居社会，所以提供房屋是男家的责任。那些无力提供房屋的男方，也有采取入赘方式，住到女方提供的房屋里去。新房内的用具事实上是男女双方合凑的，比例以女方经济水平决定。名义上，男方要给女方一笔礼金，而这一笔礼金实际上是给女方准备嫁妆的津贴。这几年经济好转后，女方提供的嫁妆，一般说来都超过礼金所能购买的东西。我们曾参观过一家新房，凡是女方提供的嫁妆上都挂着一条红色丝棉，所以很容易看出男女双方贡献的比例。在这个新房里，双方的贡献几乎相等。我们得到的解释是这地区女儿少，特别疼爱，所以出嫁时总是要尽力准备一份丰盛的嫁妆。我们当场估计了一下全部用具和衣服的总值大约2000多元。这个数字曾经引起结婚费用太高的批评。过于讲究排场固然不好，但是也应当看到事实上这正是农村的生活资料更新的重要过程。至于为了取得对男女间新的夫妇关系的社会承认而采取宴请亲友的方式，由于传统的好客风尚，有时未免花费得过分一些。

如果容许我过早地做一个估计，这3年来开弦弓村农民收入的增加，其中相当大的一部分是通过结婚的过程而消费在家庭生活的物质更新上的。而这个更新过程又是从进入结婚年龄这一代开始的。就在我们参观的新房隔间是老一代的卧室。在这间卧室里我看到的是我幼时所熟悉的我祖母房里的陈设，我祖母是太平天国时嫁到我家的。我直觉地感到过去农村里生活物质基础更新率是这样缓慢，使两代卧室的对比如此之鲜明。

上面所叙述的这段话，当然还要在今后进一步核实，并用正确的数字来表达，现在还不能说是科学的观察，但是当我向老乡们指出了他们正在进行生活基础的物质更新时，却接触到了一个当前的实际问题。这几年农村经济从复苏到繁荣提出了许多新的问题，其中之一就是用普通的话来说，农民手上的钱怎样花法？从全国来看，每年流入农村的货币达到几百亿元，用什么商品去满足农民的需要呢？因此我们有必要去调查研究农民需要什么，怎样可以去指导他们的正当消费，这里社会主义制度可以发挥它的优越性。

就在我们参观新房的下一天，在一个和本村干部的座谈会上，大家提出了许多问题：怎样有计划地进行农民生活资料更新？怎样通过民主讨论的方式制定各种房屋的结构和布局？怎样根据本村农民的财力，分期分批地按大家同意的规划来有步骤地更新全村的面貌？人民自己的政府才能根据人民的需要来发动集体的智慧和力量来为人民群众办事。在这件事上，大家要我们人类学者帮助他们进行系统的社会学调查。我本人是心甘情愿做这种能直接满足人民需要的人类学工作的。

最后我想讲一讲中国农村中集体经济的发展的前景。自从中国农村建立集体经济以来，它一直是农村经济的主要部分，至今还是这样，1956 年正当格迪斯教授去开弦弓村调查时，合作化运动已进入高级社阶段，提高了集体经济的地位。1958 年成立人民公社，农村中的个体经济已微不足道。直到 1978 年开弦弓村和中国的其他农村一样，农民的收入几乎全部依赖集体分配所得，按各人在集体经济中所贡献的劳动折合成工分计算。但是一度在平均主义的"左"倾思想支配下，农民所得的工分并不能正确反映他所付出的劳动，所以出现了违反社会主义按劳取酬的分配原则的所谓"吃大锅饭"的偏向。在这个时期，作为个体经济的家庭副业受到极大的限制，甚至遭到禁止。1978 年才改变了这种抑制农民积极性的错误政策，恢复和发展了农民的家庭副业，因而使农民的收入有了显著的增加。

但是这种承认农民个体经济的作用并不是否定了或削弱了农村的集体经济；相反的，由于农民生活的改善，生产积极性的提高，同时也促进了集体经济的发展。中国的农业和乡村工业主要是属于集体经济的部分，它们的性质一直没有改变。1981 年起所实行的责任制也只是在集体经济的基础上根据各地生产技术和群众的觉悟水平，改善经营方式和贯彻按劳分配的原则罢了，并不是经济制度性质的改变。

　　在这里应当说明的，上面所提到的农民收入中副业部分的增加，并不反映这个农村结构的全部情况。列入农民收入中的副业部分，只是指从个体经济中得到的副业收入，农民从例如开弦弓村的养蚕业等集体副业中所得到的收入是包括在集体分配部分之内的。集体经济的总收入中只有一部分按劳分配给个人，还有相当大的一部分作为集体事业的经费、社区公益费用和用于更新、扩展生产的投资以及公共积累等。因此，我们不能直接从农民个人收入中家庭副业和集体分配所得的比例，得出在农村里个体经济和集体经济的比重。当然，总的看来，这 3 年农民家庭副业收入的增加是可以说明农村经济结构变化的一个方面，那就是个体经济的增长。至于集体经济和个体经济的相对比重，还需要进一步计算。

　　农村经济结构另一方面的变化是农村集体经济部分本身的结构变化，主要表现在农业比重下降，副业有所增加和工业激增。

　　开弦弓村自从抗日战争时期起，合作丝厂被毁，桑田被破坏之后，蚕丝业就一蹶不振。一直到 1966 年才恢复了集体养蚕的副业，使该村每人平均收入突破百元大关。但是农业和副业的比例还是悬殊，1966 年是 87.8%∶11.9%。

1968 年开弦弓村开始重建缫丝厂，但是设备和技术由于条件太差还赶不上抗战前的合作丝厂。1975 年乡村工业受到重视后才扩充设备和技术。1978 年以后逐步发展，现在已成为一个有 200 多工人的小型现代工厂，而且在出丝率上正在赶上日本的先进水平。1979 年开弦弓村开办了两个豆腐坊和一个丝织厂。乡村工业的发展使这个农村的集体经济结构发生了重大变化。以这村南部的那个大队来说，1979 年农业收入占 50%，副业收入占 23%，工业收入占 27%；1980 年农业占 41%，副业占 19%，工业占 40%。这个结构变化是农、副、工三方面都在增产中发生的。由于发展了乡村工业，这个农村的农民 1980 年每人平均集体分配达到了 150 元，比 1978 年前增加约三分之一。苏州地区农村中的经济结构 1980 年是农业占 19.6%，副业占 13.2%，工业占 67.2%，[①]所以开弦弓村在这地区乡村工业发展上还是比较落后的。

在开弦弓村所见到的农村经济结构的变化在中国并不是个别的特殊现象。即使不能说中国几十万个农村都已发生这样的变化，但是可以说这是中国农村的共同趋势。据了解，到 1979 年底为止，全国已有 98% 的人民公社办起了集体企业，包括粮食生产之外的种植业、养殖业和工业。单以社队工业计算，估计产值已占全国工业总产值的 9.3%。

现在中国农村经济的发展仍然是不平衡的，穷队和富队之间相差的距离相当大。按人口平均最好的富队已超过千元，而大约

---

① 《中国农业年鉴》，1980 年，第 13 页。

还有四分之一的队不到 50 元。[①]分析富队之所以能富，最普遍的原因是开展了副业和工业，凡是单打一种粮食的大多属于穷队。粮食价格过低固然是一个重要原因，而农业产量的提高在像开弦弓村这样地区已经感到成本太高，以致出现增产不增收的现象。中国粮食产量在过去 30 年中的不断增长，以占世界 7% 的耕地，养活世界人口的四分之一，可以认为是人类历史的奇迹之一，但是还要继续增长，如果不改变经营方法至少是相当困难的了。开弦弓村在每人平均只有 1.1 亩水田的面积上，1980 年生产 1510斤粮食，只留下 660 斤作自己的口粮，一半以上的产品提供给城市居民消费。这样的负担确实不轻。在耕地面积不能增加，单靠提高单位面积产量的办法来解决供应粮食的任务，就开弦弓村来说可供挖掘的潜力，在近期内似乎已经不大了。要使该村经济继续繁荣起来就只有向副业和工业方向发展了。

　　开弦弓村副业的前途固然还很开阔，但是凡是要利用农业原料的副业，如猪与家禽的喂养需要粮食，养蚕需要桑叶，都已受到限制，而且这限制也将越来越大。开弦弓村蚕业的复兴和增长主要是由于利用电力排水把原来被水淹的和易潦的土地开辟成肥沃的桑田。比如从丝织厂楼房上一眼就看得到的那片桑田，1936年我初访该村时是一块废地，总面积在百亩以上，现在靠这片桑田养蚕，蚕茧收成每年达到 30000 斤。但是今天还要增加桑田面积至少将和粮食产量一样困难。

　　开弦弓村发展副业的前途看来是在尚没有大量利用的湖泊和

---

① 《人民日报》,1981 年 10 月 22 日,《苏州地区选择适宜本地的生产责任制》。

河流，1936年我见到的渔家现在已集中到太湖边上，和这公社的其他渔民一起组成了专业的渔业生产队。本村作为副业的渔业并没有发展。近年试殖产珠的蛤蚌，已告成功，但尚未推广。因此到目前为止开弦弓村副业增产的幅度并不大。

从农村经济结构中农、副、工三个方面来看，发展前途最大的显然是工业。乡村工业还可以分为两种，一种是用本地区所产的原料加工制造，例如从养蚕、制丝、织绸、刺绣，到制成消费品，直接在市场上销售。这在中国称作"农工商一条龙"。另一种农村工业是为都市里的大工厂制造零件。例如上海有一些缝纫机厂、自行车厂把零件包给社队工厂。现在这种方式的乡村工业还只发生在大城市的附近，而且还只是个开始，但是发展的前途是很大的。由于乡村工业的发展，苏州地区有些突出的农村已经出现农村居民职业结构的重大变化，就是主要从事工业的人口在比例上超过了主要从事农业的人口，或是说在农村里用在工业上的劳动力已超过了用在农业上的劳动力。最高的纪录已达到4∶1的比例。当然，这种例子的社区还称它为农村显然不太合适了。

我觉得特别兴奋的是在这里看到了我几十年前所想象的目标已在现实中出现，而且为今后中国经济的特点显露了苗头。在人口这样众多的国家，多种多样的企业不应当都集中在少数都市里，而应当尽可能地分散到广大的农村里去，我称之为"工业下乡"。工业下乡同样可以在国家经济结构中增加工业的比重，但是在人口分布上却不致过分集中，甚至可以不产生大量完全脱离农业生产的劳动者。在这个意义上，为具体实现工农结合，或消除工农差距的社会开辟了道路。

雷蒙德爵士为我这次讲演出了这个题目，要我在短短的一个多小时里讲述开弦弓村近半个世纪的变化，我在时间的控制上和内容的选择上，显然都没有能遵守我老师的指示。如果还能给我补救的机会，那将在离开我开始在开弦弓村调查之后的50年，到那时候（1986年）即使我不能再在这个讲台上做一次补充演讲，希望一本《江村经济》的续篇可以在那个时候送到在座的朋友们的手上。我这个希望的根据是我们中国社会科学院的社会学研究所在我出发来伦敦之前已经做出决定，将在开弦弓村建立一个社会调查基地，一个可以进行继续不断地观察的社会科学实验室。如果这个社会调查基地能顺利地建成，通过年轻的研究工作者的集体努力，我相信刚才许下的愿是可以实现的。

我感谢皇家人类学会同仁们对中国农民的关切，并给我机会就我自己所看到的事实，叙述他们怎样在30年里建成安定、繁荣的社会主义农村。开弦弓村的父老们知道我要来伦敦做这次演讲，特地叮嘱我，把他们向你们的问候亲自带给你们。谨祝我们两国人民的友谊不断增长。

译者说明

为了满足社会学研究工作者和广大读者的需要，我利用业余时间完成了本书的翻译工作。初稿供当时去吴江县调查的研究人员参考。后来，译稿由北京大学社会学系潘乃穆同志帮助校阅，又承蒙费孝通先生亲自过目修改，谨在此向他们表示衷心的感谢。

有关译文中的一些技术问题，说明如下：

一、对度量衡单位未作换算，如 mile 直接译作英里（1 英里 = 1.609 公里），Bushel 译为蒲式耳（1 蒲式耳〔英〕= 36.368 升）。

二、修正了原文中的一些数字。农业用田改按该村土地总面积的 90% 计算，户数改按 274 户农业户计算，每户按平均 4 口人计算；这样，对第三章第三节、第七章第五节、第十章第四节以及第十二章第二节中的其他有关数字也作了相应的修改。

三、附录中关于中国亲属称谓仍用原音符表示，仅译出其解释部分。

此外，我根据费老的意见又将澳大利亚悉尼大学人类学系主任 W.R. 葛迪斯著的《共产党领导下的中国农民生活》一文附录于后，以供读者参照阅读。①

限于译者水平，译文有不妥之处，望读者指正。

戴可景

1985 年 4 月

---

① 因篇幅限制，本书未收录该文。——编者注